Guía Esencial
para
los **Contratos**
de **Arrendamiento**
de **Bienes Raíces**

Mark Warda
Abogado

Marta C. Quiroz-Pecirno
Traductor

SPHINX® PUBLISHING
AN IMPRINT OF SOURCEBOOKS, INC.®
NAPERVILLE, ILLINOIS
www.SphinxLegal.com

Originariamente este libro fue titulado *Cómo Negociar Contratos Inmobiliarios.* Adicionalmente, en el cambio de título hemos actualizado o cambiado los formularios, estatutos e información para asegurarnos que ésta sea una publicación más vigente que la anterior. Para la traducción de esta obra al español se ha consultado el *Diccionario internacional inglés-español/español-inglés,* segunda edición Simon and Schuster, y West's *Diccionario legal español-inglés/inglés-español.*

Primera Edición, 2002
Publicado por: **Sphinx® Publishing, An Imprint of Sourcebooks, Inc.®**

Oficina de Naperville
P.O. Box 4410
Naperville, Illinois 60567-4410
630-961-3900
Fax: 630-961-2168
www.sourcebooks.com
www.SphinxLegal.com

Esta publicación está designada a proveer información precisa y contundente referente al tema tratado. Se vende con la intención y el conocimiento de que la editora no se compromete a proveer servicios profesionales tales como asesoramiento contable, legal o cualquier otro servicio. Si se requiere de un servicio legal o el servicio de cualquier otra asistencia de un experto se deberá buscar los servicios de un profesional competente.

De la Declaración de Principios Conjuntos Adoptado por un Comité de la Asociación del Cuerpo de Abogados y el Comité de Editores y Asociaciones.

Este libro no reemplaza la ayuda legal.
Advertencia requerida pos las leyes de Texas.

Library of Congress Cataloging-in-Publication Data
Warda, Mark.
  Guía esencial para los contratos de arrendamiento de bienes raices : con
CD-ROM / por Mark Warda.
    p. cm.
  ISBN-13: 978-1-57248-613-3 (pbk. : alk. paper)
  ISBN-10: 1-57248-613-9 (pbk. : alk. paper)
  1. Leases—United States—Popular works. 2. Landlord and tenant—United
States—Popular works. I. Title.

KF590.Z9W36818 2007
346.7304'346—dc22
                                    2007004848

Printed and bound in the United States of America.
SB — 10 9 8 7 6 5 4 3 2 1

SUMARIO

Uso del CD-ROM

Gracias por comprar *El Libro Completo de Contratos de Bienes Raíces (+CD-ROM)*. En este libro, hemos trabajado arduamente para compilar exactamente lo que usted necesita para preparar un contrato de bienes raíces que cumpla con sus necesidades. Para hacer este material aún más útil, hemos incluido cada documento y cláusula del libro en el CD-ROM que se encuentra adherido al interior de la contracubierta del libro.

Usted puede usar estos formularios de la misma manera que usaría los formularios en el libro. Imprímalos, complételos y úselos como sea necesario. Usted también puede completar los formularios directamente en su computadora. Solamente identifique el formulario que necesita, ábralo, haga clic en el espacio donde debería ir la información y entre su información. Adapte cada formulario a sus necesidades particulares. Úselos una y otra vez.

Lo mismo es válido para las cláusulas. Simplemente seleccione las que necesita y añádalas a los formularios existentes o únalas para formar su propio documento único.

El CD-ROM es compatible con los sistemas operativos PC y Macintosh. (Aunque debería funcionar con ambos sistemas operativos, no podemos garantizar que funcionará con su sistema particular y no podemos proveer ayuda técnica.) Para usar los formularios en su computadora, usted necesitará usar Microsoft Word o cualquier otro programa que puede leer los archivos de Word. El CD-ROM no contiene ningún programa semejante.

Inserte el CD-ROM en su computadora. Haga doble-clic sobre el icono que representa el disco en el escritorio de su computadora o vaya a través de su disco duro e identifique la unidad de disco que contiene el disco compacto y haga clic sobre él.

Una vez abierto, verá los archivos contenidos en el CD-ROM listados como "formulario #: [título del formulario" o "[título de cláusula]". Abra el archivo que necesite. En este momento, usted puede imprimir el formulario para completarlo a mano, o puede hacer clic sobre la línea apropiada para completarlo usando su computadora.

En cualquier momento que vea información entre corchetes [ ] en el formulario o en la cláusula, usted puede hacer clic sobre ella y borrar la información entre corchetes de su documento final. Esta información es sólo una guía de referencia para ayudarle a completar la información y las cláusulas y debería removerse de su versión final. Una vez haya entrado toda su información, usted puede imprimir su documento.

A aquellas personas que compren este libro se les confiere una licencia para utilizar los formularios y las cláusulas contenidas en él para su propio uso personal. Al comprar este libro, usted también ha comprado una licencia limitada para usar toda la información en el CD-ROM adjunto. Esta licencia lo limita a usted al uso personal solamente y se debe cumplir con todas las otras leyes de derechos de autor. No se hace ningún reclamo de derecho de autor sobre cualquier formulario gubernamental reproducido en el libro o en el CD-ROM. Usted está libre de modificar los formularios y las cláusulas y adaptarlas a su situación específica.

El autor y la casa editorial han intentado proveer la información más actualizada disponible. Sin embargo, las cortes, el Congreso y la legislatura de su estado revisan, modifican y cambian las leyes continuamente, de la misma manera que crean nuevas leyes ocasionalmente. Debido a la naturaleza de la información y a los cambios continuos en nuestro sistema legal, usted debería consultar a un abogado local o investigar las leyes actuales por su cuenta para asegurarse que tiene la mejor y más actual información para su situación.

INTRODUCCIÓN

Los contratos que están impresos no siempre satisfacen las necesidades de los interesados. Algunos contratos son tan deficientes que ocasionan problemas. Otros son tan difíciles que si se presentaran a una corte serían rechazados inmediatamente.

Un buen contrato debe ser esbozado teniendo en cuenta las necesidades de las dos partes.

Este libro le provee una explicación de varias versiones de cada tipo de cláusulas usadas en los contratos de bienes raíces o inmuebles. Usted puede utilizarlo para evaluar las cláusulas en su contrato o preparar el suyo. Se incluye en el mismo algunos formularios de contratos que se pueden utilizar en distintas situaciones.

Los Capítulos 1 y 2 de este libro le demuestran las posiciones de las partes interesadas y las leyes que controlan los derechos cuando se firma un contrato inmobiliario.

Desde el Capítulo 3 al 6 se explican las leyes que se aplican cuando se alquilan bienes raíces. Los Capítulos 7 al 9 contienen varios tipos de cláusulas y explicaciones con referencia a los casos de situaciones residenciales y los casos de situaciones comerciales. El Capítulo 10 incluye información específica referente a contratos de alquiler de espacios en depósitos.

NOTA: *Ya que las palabras* arrendador y arrendatario *pueden crear confusiones, se han escogido a través del libro las palabras* propietario e inquilino.

Dado que existen diferentes agencias gubernamentales que se ocupan de emitir leyes y regulaciones de toda clase, es imposible que un libro de este tipo cubra cada requisito en cada localidad. Es posible que su ciudad, región o gobierno estatal haya pasado algunas leyes que le requieran o le prohíban usar ciertas cláusulas. Para saberlo, usted debería consultar con un abogado local, una compañía de bienes raíces o una Asociación de Agentes de Bienes Raíces. Usted puede obtener una lista de las leyes de un oficial del gobierno local, pero no crea que ésta será una guía completa. Para investigar más profundamente, puede ver sus estatutos estatales y ordenanzas locales en una biblioteca pública o biblioteca de Jurisprudencia y Legislación.

Finalmente, antes de firmar un contrato, o cualquier otro documento legal, debe estar seguro que entiende las ramificaciones legislativas de cada cláusula. Si usted no está seguro de algo, debe solicitar ayuda a un abogado para que lo revise.

1 LA POSICIÓN DEL PROPIETARIO

En la mayoría de las áreas del país el propietario tiene casi el control completo de los términos del contrato cuando alquila bienes raíces o un inmueble, por ejemplo: una casa, un apartamento o un negocio. Así funciona el sistema desde hace muchos años y esta costumbre es muy difícil de cambiar. Desde el punto de vista del propietario, ésta es la manera en que se debe proceder. El propietario tiene miles de dólares invertidos en la propiedad y él o ella obviamente no desearían entregársela a un extraño sin tener sólida protección legal.

Propietarios Familiares

Algunas personas tienen una actitud negativa hacia los propietarios. Sin embargo, hoy en día muchos de los propietarios son personas de clase media que han invertido algunos de sus ahorros en una casa para alquilar porque pensaron que esto podría ofrecerles un mejor reintegro que tener una cuenta en el banco. Muchos propietarios compran sus propiedades con muy poco dinero de anticipo y contraen hipotecas sustanciales sobre la inversión. Cuando un mes el inquilino no le paga la renta, o el propietario tiene que hacer un arreglo importante en la propiedad, el dinero sale del bolsillo del propietario. De modo que tiene mucho sentido que el propietario, desde su punto de vista, sea quien tenga el control de los términos sobre el alquiler.

El Control del Alquiler

Desdichadamente, en algunas regiones del país, los gobiernos locales les han quitado los derechos a los propietarios y les han impuesto controles de alquiler y otras leyes similares. Hasta el momento esas disposiciones se mantienen en las cortes, incluyendo la Corte Suprema de EE.UU. (U.S. Supreme Court), pero algunos tienen la esperanza que las actuales cortes las depongan por considerarlas como una violación de los derechos de propiedad.

Nuestra constitución requiere que en cualquier momento que una propiedad haya sido tomada por el gobierno, el propietario debe ser compensado. Existe un buen argumento que cuando las leyes que controlan los alquileres toman las propiedades y las devalúan, los propietarios deberían ser compensados por el gobierno a raíz de ello.

Si usted es dueño de una propiedad ubicada en un área donde hay control de alquiler, probablemente no puede usar todas las cláusulas o sugerencias de este libro. Debería consultar con la junta local de control de sobre las últimas regulaciones. Debería mantenerse informado sobre la evolución de las leyes. Si usted tiene dudas sobre una ley, consulte con un abogado.

Contratos Desmedidos y de Mala Fe

En muchas regiones de este país el propietario es libre de establecer los términos del contrato a menos que estos sean abusivos o desmedidos. Hace algunos años se hacían cumplir los términos del contrato, sin importar cuán injustos fueran. Hoy en día las cortes rechazarían hacer cumplir acuerdos que fueran considerados "ofensivos para la justicia"o hechos de mala fe. En algunos estados hay leyes que prohíben específicamente que los contratos sean desmedidos. ¿Exactamente que es desmedido? Todo depende del juez, jurado y los hechos del caso. No hay una regla estricta que usted pueda seguir.

Desde el punto de vista del propietario, el contrato debería ser tan inflex-ible como sea posible, sin llegar a ser tan estricto que pudiera correr peligro de ser inválido ante la corte. Lo adecuado para definir qué es estricto es cuestión de la ley estatal. Los estados difieren notablemente en lo que permiten, y lo que es legal en un estado puede ser desmedido en otro.

Si su plan es usar un contrato estricto, puede correr el riesgo que sea inval-idado por la corte. Para evitarlo debe consultar con las leyes estatales antes de usarlo. Las leyes estatales relacionadas con el tema usualmente consisten de estatutos de propietarios e inquilinos que incluyen casos de la corte que interpretan los estatutos y cubren asuntos de la ley que no están incluidos en los estatutos.

Para consultar las leyes en su estado debería obtener una copia de los estatutos de su estado y el sumario de los casos más recientes. El ministro de relaciones exteriores debería facilitar los estatutos o también se pueden copiar en la biblioteca pública o en la biblioteca de jurisprudencia y legis-lación. (La sección más importante del estatuto de propietarios e inquilinos para cada estado están listadas en el Capítulo 5 en las páginas 28–32.) Para hacer un estudio de los casos usted puede contratar un abogado o un asistente legal, o si dispone de tiempo, quizás decida pasar una tarde en la biblioteca leyéndolos. En muchos estados como California y Florida, hay libros disponibles que explican las leyes de propietarios e inquilinos. En muchos estados hay una compilación de leyes, donde se encuentra una colección de resúmenes de los casos presentados por tema.

Algunos propietarios usan contratos que no son tan estrictos y nunca tienen ningún problema; pero los propietarios que han tenido una mala experiencia con los inquilinos prefieren los contratos que utilizan palabras estrictas para poder desligarse del inquilino más fácilmente. La razón fundamental es que pocos inquilinos conocen sus derechos o pueden pagarle a un abogado para sentirse legalmente protegidos. Los propietarios se arriesgan para que sus rigurosos contratos funcionen en muchas circuns-tancias y para que nunca tengan que ir a la corte. Si lo tienen que hacer, se imaginan que podrán arreglar en la corte, dándole alguna concesión al inquilino.

Otros propietarios tienen otra táctica que es la de utilizar métodos de autoayuda tales como sacar las puertas de la propiedad o cortar la electricidad. El problema con esas estrategias es que en muchas regiones hay leyes que protegen a los inquilinos de los propietarios; algunas de éstas les otorgan una considerable suma por *indemnización* por daños, prejuicios y honorarios de abogados.

En algunos estados los inquilinos pueden obtener del propietario miles de dólares en concepto de indemnización *punitiva,* en el caso en que el propietario haya cortado un servicio público sanitario. (Daños punitivos son sumas de dinero que se debe pagar como un castigo.) En muchos lugares, a los inquilinos se les permite tener asistencia legal (que es pagada en parte por los impuestos y por los intereses que fueron retenidos en cuentas de registro de los abogados). Este tipo de ayuda legal algunas veces demora el caso y hace que el propietario deba pagar honorarios más altos al abogado.

Cláusula Separativa

Una cláusula que es importante tener en un contrato es una cláusula separativa. Ésta es una cláusula que indica que si una de las cláusulas en el contrato se determina ilegal o no ejecutable, la validez de las demás cláusulas no se verá afectada en el resto del contrato. Sin una cláusula separativa se corre el riesgo de tener que anular todo el contrato.

La Mejor Estrategia

La mejor estrategia que un propietario puede usar es tener un contrato que sea firme pero justo, revisar todos los datos posibles del presunto inquilino y obtener la mayor cantidad como depósito de seguridad.

La selección de un inquilino

Solicitud del Inquilino. El propietario debería utilizar una solicitud que le proporcione suficiente información para decidir si el inquilino es un buen riesgo, y saber si él o ella ha terminado sus contratos previos en término. Como medida de seguridad, usted debería obtener del potencial inquilino, todos los datos posibles acerca de los propietarios anteriores con quienes se haya relaciondo como inquilino, incluyendo nombre y dirección del actual propietario. El propietario debería obtener el número de seguro social, de la licencia de conducir y los números de cuentas bancarias del presunto inquilino, en el evento de hacerle un seguimiento si fuera necesario.

NOTA: *Como propietaria usted no debería hacer ninguna pregunta acerca de raza, nacionalidad, edad, discapacidad o nada que pueda ser considerado ilegalmente discriminatorio.*

Este libro incluye un **FORMULARIO DE ALQUILER,** (o Solicitud de Alquiler) el cual le será muy útil en la mayoría de las áreas (sírvase ver el formulario 1, pág. 189). De todas maneras, debería consultar con las leyes locales para averiguar si existe algo en la información que no sea permitido.

Información de Crédito. En algunos lugares las agencias de crédito suelen ofrecer tarifas especiales a los propietarios cuando solicitan obtener información de crédito. Pueden variar entre $5 y $10. Cuando se compara esta suma contra el costo de desalojo o daños a la propiedad, el costo de la información es insignificante, pero es increíble cuántos propietarios no se desprenden de los $10 para proteger su propiedad. Algunos propietarios evitan el costo recargando un honorario no reembolsable junto con la solicitud. Para obtener una fuente de información acerca de los inquilinos, es aconsejable buscar en las páginas amarillas del directorio telefónico bajo "información de crédito" (credit reports) o "agencias de créditos" (credit bureaus). También puede llamar a la asociación de propietarios o conversar con el gerente de un complejo de apartamentos.

Compañías Seleccionadoras Hay sólo cierto número de compañías que se especializan en seleccionar inquilinos. Algunas hasta le garantizan que el inquilino no dejará de cumplir o ellos le pagarían por el desalojamiento. Consulte con la Asociación de Propietarios si estos servicios se encuentran disponibles en su área.

Depósito en calidad de garantía

La mayoría de los propietarios saben lo difícil que es obtener una buena suma como depósito de un inquilino. Con cifras bajas de alquileres usted puede encontrarse con que los inquilinos no tienen dinero para el depósito y desean pagarlo en cuotas de $10 o $25 por semana. En tal caso, usted debe usar su propio juicio. Puede tener suerte y lograr que esto funcione bien, pero también puede ocurrir que quizás el inquilino nunca pague los daños ocasionados al apartamento, y que utilice tácticas y pretextos para mantenerse en la unidad por meses. Por supuesto, hay muchas leyes estatales que controlan los depósitos de seguridad, así que usted debe asegurarse de buscarlas y cumplir las reglas.

Componentes del contrato

Otras cosas importantes que un propietario debería incluir en un contrato son:

- la prohibición de transferencia o subarriendo;

- el límite en el número de ocupantes;

- la definición clara y recursos por incumplimiento;

- el derecho de tener acceso a la propiedad.

En algunos estados las leyes de los derechos de las partes son claras, pero también es bueno que se incluyan en los contratos así el inquilino tiene todo establecido claramente. Hay muchas otras cosas que deberían ser incluidas en un contrato para proteger al propietario de una situación desfavorable. En los Capítulos 6, 7 y 8 usted encontrará la información explícita. Asegúrese de revisar las cláusulas.

Las Partes en un Contrato

Antes de redactar un contrato, usted debería considerar quién será la otra parte legal en el contrato. Si se trata de que los inquilinos de la unidad son una pareja, usted debería hacerles firmar el contrato a los dos. De esa forma usted tiene la responsabilidad económica de los dos garantizándole el pago, aún si ellos se separan y uno decide irse.

Si usted le alquila a una corporación, debería tener la garantía personal de un funcionario o accionista. A menudo, una corporación es una entidad o instrumento legal pero sin base económica, lo cual permite que los principales dirigentes se liberen del contrato sin ninguna responsabilidad por parte de ellos. Si el mercado está *débil* (muchas unidades desocupadas), quizás sea el momento de alquilar a una corporación sin garantías personales si la alternativa es dejar que la unidad permanezca vacante. Una buena suma como depósito podría hacer que la situación sea aún más aceptable.

Contratos de los Inquilinos

La mayoría de los inquilinos suponen que tienen que firmar el contrato al propietario y la mayoría ni siquiera cuestionarían los términos. Ocasionalmente un inquilino puede desear hacer algunos cambios en un contrato o llegar a ofrecer su propio contrato. Si el propietario debiese estar de acuerdo o no con esto depende de cómo se encuentre el mercado de los alquileres y cuán serios sean los cambios.

Generalmente es una mala idea firmar el propio contrato del inquilino. Si el inquilino se ha tomado el tiempo para preparars su contrato, existe una gran posibilidad que éste contenga toda clase de protección a favor del inquilino y probablemente incluya algunas cláusulas desmedidas. Las cláusulas de apariencia inocente pueden terminar costándole al propietario mucho. Deje que el inquilino sugiera cambios en su contrato, pero no firme el contrato propuesto por el inquilino.

2 LA POSICIÓN DEL INQUILINO

En la mayoría de los casos, los inquilinos no tienen mucho control sobre los términos de un contrato de bienes raíces. Históricamente los contratos han sido documentos legales con la actitud de "acéptelo o déjelo". Sin embargo, cuando el mercado de alquiler es débil muchos propietarios dejarían de lado algunos puntos para conseguir un buen inquilino. Esto es realmente cierto en cuanto a alquileres comerciales. Muchas regiones del país tienen demasiados edificios destinados al alquiler comercial, y los propietarios otorgan concesiones para obtener nuevos inquilinos.

Concesiones

A menudo, aún en casos de alquileres residenciales, es posible obtener concesiones. Muchos propietarios usan formularios legales y algunos ni siquiera entienden todas las cláusulas de éste. Los propietarios pierden dinero cada día que la unidad permanece vacante y si usted aparenta ser un buen inquilino y ofrece un compromiso razonable en un contrato, es muy probable que sea aceptado. Esto es perfectamente aplicable cuando el mercado es débil o la unidad ha estado vacante por mucho tiempo. La teoría de que "No hace daño preguntar" es la que usted debería utilizar en circunstancias en que se encuentre negociando un contrato. Muchos inquilinos han sido agradablemente sorprendidos cuando un propietario les ha otorgado las concesiones solicitadas.

En raras ocasiones los inquilinos ofrecen su propio contrato y los propietarios probablemente no los aceptarían en muchos casos, pero nuevamente recuerde que no hace daño preguntar. Una situación en la cual podría ser más aceptable el que usted usara su propio contrato sería cuando el dueño de la propiedad no tiene experiencia en alquilarla.

Ejemplo: Si usted le propone a un propietario que le rente una parte del campo que no utiliza, o si una viuda es la propietaria de un negocio vacante donde su esposo tuvo negocios, entonces usted puede hacer una oferta para alquilarle y hasta puede ofrecerle su propio contrato.

Contratos Desmedidos o de Incumplimiento Legal

En el capítulo previo se le advertió a los propietarios acerca de los contratos desmedidos. Si un contrato es tan injusto que hasta resulta chocante para una persona común, puede llegar a considerarse ilegal o no ejecutable (legalmente) en muchas áreas. Esto podría ser posible aún en los casos en que el inquilino presente su contrato de alquiler.

Sin embargo, no existen muchas situaciones en las cuales un inquilino pueda conseguir tan buen arreglo que sea desmedido. El mayor riesgo es que el contrato se considere no ejecutable. Hay un principio legal que sostiene que un contrato debe ser de cumplimiento legal para las dos partes (se explica con mayores detalles en el Capítulo 4). Si usted se otorga a sí mismo una escapatoria para salir del contrato cuando a usted le plazca, el propietario probablemente estará en condiciones de cancelar el contrato en cualquier momento.

Los siguientes puntos son algunas de las cosas más importantes que un inquilino debe observar en un contrato:

- ■ período de gracia por pagos retrasados/no terminación automática;

- ■ que no exista pérdida automática de algún dinero; y,

- ■ cancelación del contrato si el locales incapaz de usarlo.

Hay otra cantidad de cláusulas que son importantes tenerlas o evitarlas. Usted debería asegurarse de leer la explicación de las cláusulas individuales en los Capítulos 7, 8 y 9. Asegúrese también de leer cada cláusula en un contrato que usted considere que lo firmará y no lo firme a menos que entienda todo. Una de las preguntas más comunes que los inquilinos le preguntan a un abogado es si ese contrato se puede hacer cumplir legalmente; en la mayoría de los casos la respuesta es sí. Éste es el propósito de un contrato; obligar a las dos partes a cumplir los términos. Si usted firma el contrato y se va antes de que finalice el término, es posible que el propietario deje la unidad vacante y le haga un juicio (a usted) por el alquiler, aunque el contrato sea por cinco años.

Juicios y Decisiones

Si usted no tiene dinero o propiedad, el propietario probablemente no le inicie juicio, especialmente si encuentra un nuevo inquilino rápidamente. Aunque en muchos estados una decisión judicial es válida por muchos años. Si un propietario le hace juicio por violar un contrato, usted puede tener una demanda financiera presentada en su contra por miles de dólares incluyendo la suma relacionada con el alquiler (posiblemente doble alquiler), daños a la propiedad, gastos de la corte y honorarios del abogado. Esto puede arruinarle su reputación de crédito, o puede convertirse en un embargo preventivo sobre la propiedad que usted pueda heredar en diez o veinte años.

Si el propietario le inicia juicio, usted no puede ignorarlo. Si usted no recibe una notificación apropiada acerca del juicio, el propietario no podrá obtener una decisión judicial en contra suya, pero cuando usted es notificado apropiadamente se le puede conceder todo lo que el propietario solicite a menos que usted lo objetara. Si el propietario pide más dinero por la renta de lo que realmente estaba estipulado, reclama más dinero por los daños que usted haya ocasionado o pide honorarios por demora en el pago que usted no deba, el juez le podría conceder la petición al propietario a menos que usted presente el otro lado del caso.

Obligaciones Personales

Corporaciones

Para evitar una responsabilidad personal en el caso de una renta comercial, se debe firmar el contrato como una corporación. Desdichadamente, la mayoría de los propietarios solicitarán una garantía personal por parte de los propietarios de la corporación. Sin embargo, con un propietario inexperto o desesperado probablemente usted pueda cerrar la operación sin la requerida garantía. En un mercado débil usted tiene un buen argumento pues el propietario debe estar contento con el alquiler ya que el negocio le está funcionando; de ese modo él no necesitará sus fondos personales cuando la unidad quede vacante.

Esposos

Tanto en la renta comercial como residencial, lo mejor desde el punto de vista del propietario es que uno solo de los esposos firme el contrato. Ciertamente es aplicable en el caso en que uno de los esposos sea el que tiene una sustanciosa suma de dinero. Si los dos firman el contrato, el propietario puede reclamar sus derechos sobre cualquiera de los bienes de los dos esposos. Sólamente con una firma, la propiedad del otro estaría a salvo y en algunos estados si la propiedad fue adquirida en forma conjunta podría estar segura de riesgos.

3 EL ARTE DE NEGOCIAR

En algunas sociedades la negociación es parte de la forma de vivir y representa un desafío importante. La gente se ofende si usted acepta la primera oferta. Les gusta que usted se queje del precio y proponga una contraoferta. Les encanta regatear y sentir que han obtenido la mejor transacción que hubieran podido tener con usted.

Esto no es verdad en EE.UU. La mayoría de los americanos odian el regateo. El regatear significa inseguridad y la posibilidad de un rechazo. Nunca sabemos cuán bajo o cuán alto podemos ofrecer y siempre nos preocupa si no hubiéramos podido tener un mejor negocio. Nos interesa mucho más estar al corriente del precio límite para saber si lo tomamos o lo dejamos. (Recientemente un vendedor de automóviles expandió su negocio al marcar el menor precio en sus autos evitando de ese modo la negociación.)

Afortunadamente para los americanos, no existe mucha negociación para las operaciones de alquiler en una agencia inmobiliaria. Los propietarios ofrecen su contrato y los inquilinos lo aceptan o no. Esto es válido especialmente cuando se trata de arrendamiento de residencia. Algunos inquilinos ni siquiera leen el contrato. El único factor que les concierne es la suma del alquiler y aún así, ni siquiera se dan cuenta que ésta podría ser negociable.

Sin embargo, la negociación en un contrato inmobiliario representa un ahorro significativo de miles de dólares. La norma que usted puede utilizar cuando participa en un contrato es "No causo ningún daño al preguntar" Usando este lema usted puede ser beneficiado considerablemente. Algunas veces esto puede retribuirle ventajas en el alquiler mensual, pero además puede ocasionarle privilegios en los términos del contrato.

Si usted desea negociar seriamente, hay una cantidad de libros muy buenos en el mercado que explican todas las técnicas y matices para negociar. Cuando coloque una cantidad de dinero en juego usted probablemente desee adquirir uno de estos libros o contratar los servicios de un abogado o agente para que negocie por usted. Caso contrario puede diseñar las ideas y técnicas que hay en estos capítulos para ganar ventajas significantes.

Lo Mejor y lo Peor

Antes que nada usted debe saber cuál es el mejor acuerdo que puede esperar (la posición más admisible) y qué es lo menos que puede aceptar (la posición menos aceptable). Con estas dos posiciones en mente tiene un margen dentro del cual puede apuntar y podrá saber inmediatamente si el trato vale la pena. Sin esta referencia usted negociaría sin acierto y podría terminar haciendo un mal negocio.

Usted debe hacer una lista de todos los factores que apoyan su posición y usarlos para discutir su caso. Use su imaginación y llegue a una conclusión tantas razones que le sean posibles. A menudo, cuando las personas apuntan alto, llegan alto. Equivocado o no, cuando alguien pide mucho por algo, le da al otro una percepción de que éso vale mucho.

NOTA: *La posición debe ser admisible. No haga una oferta ridícula que nadie, con los sentidos bien puestos, pueda aceptarla. De lo contrario, probablemente usted no será tomado seriamente, o quizás ni siquiera se esfuercen por negociar con usted.*

Si usted pide demasiado y la otra parte acepta, son los otros los que probablemente no puedan obtener una buena transacción. Si usted, como propietario, requiere una alta suma por la renta o depósito de un negocio, quizás al inquilino no le alcance como para pagar la publicidad y puede perder su negocio. O en el caso de ser inquilino si obtiene muchas concesiones de un propietario desesperado, le puede ocasionar un juicio hipotecario al propietario, y el banco le puede cancelar el contrato.

Tenga en cuenta que su posición menos aceptable puede cambiar. Si una oferta está hecha de forma tal que cubra algunas de sus otras necesidades, quizás valga la pena reemplazar una parte de su posición.

Ejemplo: Si usted está buscando un lugar para abrir un restaurante y lo máximo que puede pagar son $1000 por mes, usted puede reconsiderar un lugar donde le ofrecen el establecimiento por $1100, si el propietario le propone mantener esa suma por el término de cinco años, le proporciona espacio adicional como depósito o le otorga dos meses de alquiler gratis.

Necesidad versus Posición

Uno de los errores más grandes que se cometen al negociar es concentrarse en su posición e ignorar sus necesidades. Una vez que las personas establecen su posición, mantenerla se convierte en una situación de orgullo. En algunas sociedades conservar su apariencia puede ser importante. Usted debe decidir si le preocupa más la apariencia o hacer un buen negocio. Debería analizar la situación, determinar sus necesidades y concentrarse en ellas.

Ejemplo: Su posición puede ser que usted desea obtener $1000 de alquiler por mes y rechaza a un inquilino que le ofrece $950. Pero su actual necesidad probablemente sea cubrir sus gastos y no tener problema de liquidez. Por lo tanto, si usted consigue que el inquilino cuide el césped (ahorrándose $50 por mes) puede aceptar la oferta de $950. Si se concentra solamente en su posición—$1000 mínimo al mes—usted puede perder una buena oportunidad.

Algunas veces sus metas pueden no ser tan claras ni aún para usted mismo. Si está interesado en alquilar cierto apartamento pero el precio es muy alto, quizás el bajar el precio no sea la única opción. El propietario puede tener una unidad de precio más bajo en un edificio aún más cerca de su trabajo. Analice su posición y decida exactamente lo qué es más importante para usted.

Es Conveniente Entender a la Otra Parte

Usted puede negociar mucho mejor si desea entender la posición del otro lado y la motivación detrás de todo esto. En otras palabras, como se ha explicado en el último párrafo ¿cuál es su necesidad? Si usted es el inquilino que no desea pagar más de $950 de alquiler y el propietario le pide $1000, piense ¿cuál es la necesidad de él?

Trate de darse cuenta de la necesidad básica de la otra parte y por qué es así, o sea, la razón. Comprenda los intereses de ellos y trate de formular su oferta para cubrir esos intereses al mismo tiempo que los suyos.

Paralelamente, usted no debe dejar que la otra parte sepa sus necesidades. Porque de lo contrario ellos se darán cuenta de su posición menos aceptable y tratarán de seguirlo por ese lado. Usted debe concentrarse en su posición más admisible y desviar hacia otro lado los factores que puedan revelar su posición menos aceptable.

Recuerde que la otra parte puede sentir que es importante proteger la posición de él o ella. Haga su oferta de modo que hará feliz al otro(a), al aceptarla. Una manera de hacerlo es presentándola de forma tal que parezca que usted hace un gran cambio en su posición para acomodar las a ellos (es decir para favorecer también la posición del otro(s)).

La Participación Emocional en el Negocio

Las mejores negociaciones son aquellas en las que no se necesita llegar a un acuerdo, y las peores son aquellas en las que se necesita hacerlo. Si usted está dispuesto a abandonar un negocio si no obtiene lo que desea, y la otra parte lo siente, usted actuará mucho mejor.

Por otro lado, si ya ha decidido que debe conseguir ese trato, usted es un candidato fácil de ganárselo.

Si además está considerando otras propiedades u otros inquilinos, usted no se sentirá presionado para tomar esta oferta. Aunque usted no tenga otras puede pretender que las tiene.

Cuando se Toman las Cosas Personalmente

Otro de los errores que se cometen cuando se está negociando es involucrarse personalmente con su oponente. Luego de haberse reunido con él (ellos) una cantidad de veces, usted probablemente haya establecido cierta afinidad, o haya descubierto que tienen cosas en común, y puede llegar a sentirse raro si no acepta lo que se le ofrece. No es fácil rechazar la oferta de alguien, especialmente si éste(a) se ha convertido en su amigo recientemente. Así que usted debe decidir primero si desea hacer un buen negocio o tener un nuevo amigo(a).

Algunas personas son negociadores débiles y otras son firmes negociadores. Algunos se entregan fácilmente para evitar desacuerdos y otros permanecen firmes en su posición hasta que obtienen todo lo que quieren. Si usted pertenece al primer caso, los expuestos en el segundo caso tomarán ventaja de usted rápidamente.

Agentes

Una manera de evitar tal situación es negociar por medio de un agente. Es muy fácil para un agente hacerse amigo del inquilino y apoyar su posición (la del inquilino) excepto al explicarle que él no tiene control sobre la decisión del propietario. Algunos propietarios les dicen a los inquilinos que ellos solamente son gerentes de la propiedad para mantener una mejor relación. Una ventaja de usar fideicomiso de la propiedad, es que el propietario puede ser amistoso con el inquilino y explicarle que el fideicomiso tiene ciertas reglamentaciones que se deben seguir. (La forma pasiva de fideicomiso es la que se usa en algunos estados: un agente mantiene el título de la propiedad. Este tema va más allá del alcance de este libro.)

La Posición de "Mal Muchacho o Buen Muchacho"

Otra variación es utilizar el enfoque del "mal muchacho o el "buen muchacho".

Ejemplo: El aviso de una propiedad cuyos dueños son una pareja dice que la renta es de $500, aunque ellos podrían aceptar $475. Un presunto inquilino se presenta y dice que el sólo puede pagar $450. Si el esposo se enfada, y dice que el valor es en realidad $550 y corre fuera del cuarto, su esposa puede disculparse por él y dice que el nunca es razonable pero ella posiblemente le pueda convencer aceptar los $475.

No se cierre en una posición, caso contrario cada cambio será difícil. Tenga presente que ya se ha establecido el resultado menos aceptable y no se preocupe de los pasos intermedios. Esté preparado para todas las opciones posibles y sugerencias nuevas que la otra parte pueda tener. Puede haber una alternativa que usted no haya considerado todavía.

Recuerde que la otra parte puede tomar su punto de vista de manera personal. No critique a la otra parte, ni diga nada que la haga sentir más afirmada en su posición.

Punto de Partida

Comience con la posición más admisible. Puede parecer obvio, pero algunas personas presentan su posición menos aceptable inmediatamente. Tenga presente que "no hace daño preguntar" e intente proponer primero su posición más admisible. Muchas personas han comenzado con sumas altamente ridículas y se han sorprendido cuando se las aceptaron.

Solamente tiene una oportunidad para presentar su posición abierta y normalmente no puede ir tan alto. Supóngase que usted tiene un centro comercial con un negocio que pronto estará vacante. Si usted publica un aviso a $1000 por mes y 50 personas inmediatamente le ofrecen alquilarlo usted se dará cuenta que es muy bajo, pero será muy difícil pedir más una vez que el aviso se ha publicado por $1000.

Tomando Ventaja

Así sea el propietario o el inquilino, cuando usted entre en negociaciones por un alquiler, la otra parte probablemente espera hacer la investigación. El propietario deseará investigar si es un buen inquilino y el inquilino querrá estar seguro que la unidad satisface sus necesidades.

Si usted ha comenzado la negociación poniendo en una lista sus propias necesidades y cuestionándose si la otra parte cumplirá con ellas, entonces usted está tomando ventaja en el negocio. La otra parte se colocará en la posición de preguntarse si sus necesidades estarán cubiertas. De ese modo el hecho de cumplir con sus necesidades será la primera meta y las necesidades del otro pasarán al olvido.

Ejemplo: Si usted es el propietario y saluda a un presunto inquilino con una pregunta como ¿cuánto tiempo hace que trabaja? o ¿cuánto tiempo hace que vive en su apartamento actual? El inquilino entonces se cuestionará si está en condiciones de alquilar la vivienda. Posiblemente la unidad no es exactamente lo que él (ella) hubiera deseado, pero el pensamiento de no poder obtenerla le haría creer que es más valioso de lo que en realidad es.

Su Última Tentativa

Una vez que usted piensa que posiblemente pueda cerrar el trato, ¿por qué no pedir por la última concesión? Si le gusta el apartamento, la renta es aceptable y el propietario le pintará dos de los cuartos, puede decir algo como "Esas cortinas de la cocina son realmente feas, si pone nuevas cortinas lo tomaré." (Recuerde que No hace daño preguntar.)

4 LEYES FEDERALES

Aunque la mayoría de las leyes que regulan los contratos de la propiedad son casos y estatutos estatales, también existen leyes federales que gobiernan muchos tipos de alquileres. Éstas son más que nada leyes discriminatorias (de diferenciación). Las penalidades por la violación de estas leyes son bastante severas, de modo que usted debe tener mucho cuidado en evitarlas, aún en los casos de aparente violación. Aunque haya ganado un caso que fue hecho en contra suyo podría costarle miles de dólares en concepto de honorarios de un abogado.

Una parte de la ley federal que no se ocupa de discriminación es la ley del medio ambiente. Los propietarios están siendo multados por miles o millones de dólares en algunos casos, cuando se trata de la limpieza de substancias tóxicas. Los propietarios deberían tener mucho cuidado cuando alquilan su propiedad. No deberían permitir que un inquilino cause ningún daño ambiental a la propiedad.

Aviso Legal Sobre Pintura Basada en Plomo

En 1996, la Agencia de Protección Ambiental y el Departamento de Vivienda y Desarrollo Urbano emitieron regulaciones requiriendo que se otorguen avisos a los inquilinos de viviendas construidas antes de 1978. En los folletos se anuncia que existe la posibilidad de presencia de pintura basada en plomo y que ello puede representar riesgos de salud para los niños. Esto se aplica para todas las viviendas excepto las viviendas para ancianos o unidades sin dormitorios (ej. habitación con cocina, o estudio) Además se requiere que se les otorguen a todos los presuntos inquilinos un panfleto titulado Proteja a su Familia del Plomo en su Hogar (*Protect Your Family from Lead in Your Home*). La recomendada **DECLARACIÓN DE INFORMACIÓN SOBRE PINTURA BASADA EN PLOMO** se incluye en este libro (sírvase dirigirse a la página 227 para ver el formulario 13). Asimismo encontrará el panfleto (véase la página 227).

La reglamentación está en el Registro Federal (FR), Volumen 61, Número 45 (6 de marzo de 1996), de la página 9063 a 9088. Puede obtener mayor información a través del Centro de Distribución de Información Nacional sobre Plomo, cuyo teléfono es (800) 424-5323. También se puede obtener información en el Internet:

http://www.hud.gov/offices/lead/leadhelp.cfm

Leyes Discriminatorias

Ley de Derechos Civiles de 1968

Lay Ley de Derechos Civiles de 1968 establece como un acto ilegal la discriminación sobre la base de raza, sexo, religión o nacionalidad en el alquiler de bienes raíces o inmuebles (propiedades). (Código de los Estados Unidos (U.S.C.) Título 42, Sección (Sec) 3601-17). Son ilegales bajo esta ley aún los planes de acción que nos son claramente discriminatorios, pero que tienen el efecto de serlo.

Penalidad. Una víctima de discriminación bajo esta sección puede presentar un juicio civil, una demanda HUD o solicitar al Procurador General que proceda legalmente. Los daños pueden incluir pérdidas actuales y daños punitivos hasta de $1000.

Limitación. La demanda debe ser presentada dentro de los 180 días.

Exenciones. Esta ley hace que no se aplique a los propietarios de hasta tres casas de familias si no hay más que una venta en veinticuatro meses, si el propietario no es dueño de más de tres intereses al mismo tiempo, y si no utiliza ningún agente ni avisos discriminatorios. Tampoco se aplica a la propiedad en donde el propietario reside si ésta tiene cuatro unidades o menos.

Coerción o Intimidación. Cuando se utiliza coerción o intimidación para causar discriminación no hay límite para cuando se presente la acción ni en la suma por los daños ocasionados.

La Sección de 1982 del Código de Derechos Civiles es una ley similar a la de 1968 del Código de Derechos Civiles.

 📖 Una violación de la ley ocurrió cuando un agente de bienes raíces fue despedido por alquilar a un inquilino negro. Wilkey v. Pyramid Construction Co., 619 F.S. 1453 (D. Conn. 1983).

Sección de 1982 del código de derechos civiles

La Sección 1982 del Código de Derechos Civiles es una ley similar a la del estatuto arriba mencionado (U.S.C., Título 42, Sec.1982). Esta ley se emplea solamente cuando hay casos en los que se puede probar que la persona ha discriminado o ha intentado hacerlo, considerando que lo antedicho aplica para cualquier regulación que tenga efecto discriminatorio.

Penalidad. Los daños pueden incluir daños actuales más daños punitivos.

Limitaciones. No hay ninguna limitación.

Exención. No hay ninguna exención.

Los derechos civiles y los niños

En 1988, la ley de Derechos Civiles fue enmendado para prohibir la discriminación en contra de los discapacitados y de las familias con niños (U.S.C., Título 42, Sec 3601). Mientras que el rechazar alquilar a familias con niños podría proteger el valor de su propiedad, tal discriminación ahora le puede ocasionar tener que pagar altas sumas en calidad de multas. El Presidente Reagan y el Congreso decidieron que las familias con niños tienen más derechos que los dueños de las propiedades.

Penalidades. Las penalidades incluyen $10,000 por la primera ofensa, $25,000 por la segunda violación dentro de los cinco años y hasta $50,000 por tres o más violaciones dentro de los siete años. En acciones privadas pueden ser otorgados daños punitivos sin límite de dinero.

Limitación. Se puede presentar una demanda dentro de los dos años por acciones privadas.

Exención. Esta ley no se aplica a una casa de familia si el propietario es dueño de tres propiedades o menos, si no hay más de una venta dentro de los veinticuatro meses y si no se utiliza un agente de bienes raíces o se emplea avisos discriminatorios. Una unidad de condominios no está definida como una casa de familia, así que no está exenta. Esta ley tampoco no se emplea para la propiedad en la cual el propietario reside si ésta consta de cuatro unidades o menos. Adicionalmente, no hay excenciones para residencias que se encuentren bajo programas estatales o federales para los ancianos, para complejos que son solamente habitados por personas de sesenta y dos años o mayores, para complejos habitados por personas de cincuenta y cinco años o mayores si hay una cantidad substancial de facilidades designadas para los ancianos, para residencias religiosas y para clubes privados.

Los Derechos Civiles y las Incapacidades

En 1992 la Ley de Americanos con Incapacidades se puso en efecto. Esta ley depositó el peso de costos extras y responsabilidades sobre el mundo de los negocios y sobre los propietarios quienes toman contacto con los incapacitados, con el fin de acomodar sus necesidades.

Anteriormente, la legislación que intentaba ayudar a varios grupos en la sociedad se pagaba con dólares que provenían de la recaudación de impuestos. Los políticos han encontrado una manera de conceder beneficios sin llamar "impuesto" al costo.

La ley requiere que se hagan "acomodos razonables" para proveer acceso a los establecimientos comerciales para los incapacitados y se prohíbe la discriminación en contra de ellos. Esto significa que el incapacitado debe poder llegar, entrar y usar las facilidades en los establecimientos comerciales. Es decir que si el acceso es "apropiadamente logrado" sin un *gravamen excesivo* ni *trabajo arduo indebido*, se deben hacer los cambios a la propiedad para que ésta sea accesible.

Si cualquier establecimiento comercial es remodelado, entonces la remodelación debe incluir modificaciones que permitan que el establecimiento sea accesible. Toda nueva construcción debe cumplir con los requisitos de la ley.

La ley no define claramente qué significan esos términos y ni siquiera explica exactamente quién califica como incapacitado. Algunos dicen que hasta el 40% de la mano de obra americana puede calificarse como incapacitada de alguna manera. La ley incluye a personas con enfermedades emocionales, SIDA, dislexia, personas que en el pasado han abusado de alcohol o drogas, tanto como a las personas con impedimentos visuales, auditivos o de movilidad.

Lo que es razonable puede depender de la magnitud del negocio. Los pequeños negocios no tendrán que hacer mayores alteraciones en sus establecimientos si los gastos implican un trabajo arduo indebido. Aún grandes establecimientos no tendrán que colocar los estantes bajos a la altura de las personas en silla de ruedas para que puedan alcanzar las cosas, siempre y cuando tengan un empleado que pueda ayudar a la persona. Adicionalmente, hay créditos sobre los impuestos para los comercios que tengan menos de treinta empleados y vendan una suma menor que un millón de dólares. Para mayor información sobre esos créditos, sírvase obtener los formularios 8826 y 3800 de la Oficina de

Superintendencia de Contribuciones (IRS) u obtenga información llamando al teléfono (800) 829-3676 o en el Internet al **www.irs.gov**.

A continuación se detallan algunos de los cambios que se deben hacer a la propiedad para que sea más accesible para una persona con incapacidad:

- colocar rampas;

- ensanchar los claros de puertas;

- reducir los rebordes en las aceras;

- reponer los estantes;

- reponer los teléfonos;

- eliminar las acumulaciones (o pilas), alfombras de baja densidad; y,

- instalar espejos a lo largo de todo el baño.

Tanto el propietario como el inquilino pueden ser responsables si los cambios no son efectuados en el establecimiento. Es muy probable que el dueño sea responsable por las áreas más comunes y el inquilino por las áreas que están bajo su control. Sin embargo, como los contratos previos no hacen mención a este nuevo estatuto, cualquiera de las dos partes puede concebiblemente considerarse responsable.

Penalidad. Se puede estipular un requerimiento judicial y multas de $50,000 por la primera ofensa y $100,000 por las subsecuentes ofensas.

Exención. Los clubes privados y organizaciones religiosas están exentos de esta ley.

5   Las Leyes Locales y Estatales

Se han comenzado a pasar muchas leyes en este país con el propósito de controlar todo tipo de comportamiento y muchas de ellas afectan la renta de bienes raíces. Las villas, condados, ciudades y estados emiten leyes para cubrir cualquier problema que pudiera ocurrir entre las personas. A menudo esas leyes ocasionan más problemas que prevenciones.

En este capítulo se explican las leyes más comunes que se aplican cuando se contrata una propiedad. Es imposible presentar cada reglamentación que existe en EE.UU. en este tipo de libro ya que las leyes y normas locales son emitidas por diferentes estados y agencias gubernamentales locales y estas leyes cambian constantemente. Para asegurarse que usted cumple con las leyes debería consultar con un abogado local, el gerente de una inmobiliaria o con las oficinas del gobierno que proveen información a los propietarios e inquilinos.

Los Estatutos de los Propietarios e Inquilinos

Cada estado tiene estatutos que cubren las relaciones comerciales entre propietarios e inquilinos. La mayoría de ellos cubren problemas tales como atrasos en el pago de alquiler y desalojos, pero otros tienen normas que se aplican al contrato. Si usted es propietario debería tener una copia de las leyes relacionadas con propietarios e inquilinos en su estado, de ese modo usted puede asegurase que no rompe ninguna reglamentación. Aún violaciones inocentes le pueden costar miles de dólares a un propietario.

Las siguientes son citaciones de las leyes más importantes referentes a propietarios e inquilinos para cada estado.

NOTA: *Algunos estados tienen los dos tipos: estatutos y estatutos comentados. Los estatutos comentados tienen un sumario de casos relevantes de la corte por cada estatuto. Si usted desea buscar la interpretación de un estatuto deberá utilizar la versión comentada. Probablemente, si desea utilizarlo en su casa deberá manejarse sólo con la fotocopia de los estatutos, ya que los estatutos comentados pueden incluir cientos de páginas.*

Alabama   Código de Alabama, comienza con la Sección 35-9-1

Alaska   Estatutos de Alaska, Secciones 34.03.010 a 34.03.380

Arizona   Estatutos Revisados de Arizona, Secciones 12-1171 a 12-1183; Secciones 33-1301 a 33-1381.

Arkansas   Código con Anotaciones de Arkansas, Secciones 18-16-101 al 12-306

California   Código Civil de California, Secciones 1925-1954, 1961-1962.7, 1995.010-1997.270

Colorado   Estatutos Revisados de Colorado, Secciones 38-12-101 a 38-12-104, 38-12-301 a 38-12-302

Connecticut   Estatutos Generales de Connecticut, Secciones 47a -1 al 50a

Delaware	Código de Delaware, Título 25, Secciones 5101-7013
D.C.	Código del Distrito de Columbia, Secciones 45-1401 al 45-1597, 45-2501 al 45-2593
Florida	Estatutos de Florida, Capítulo 83
Georgia	Código de Georgia, empieza con la Sección 44-7-1
Hawaii	Estatutos Revisados de Hawaii, empieza en la Sección 521-1
Idaho	Código de Idaho, Secciones 6-301 a 6-324; Secciones 55-201 a 55-313.
Illinois	Estatutos Compilados de Illinois, Capítulo 765, Párrafo 705/0.01-740/5
Indiana	Código con Anotaciones de Indiana, Secciones 32-7-1-1 a 37-7-19
Iowa	Código con Anotaciones de Iowa, Secciones 562A.1-.36
Kansas	Estatutos con Anotaciones de Kansas, Secciones 58-2501 a 58-2573
Kentucky	Estatutos Revisados de Kentucky, Secciones 383.010-.715
Louisiana	Estatutos Revisados de Louisiana, Secciones 9:3201 –9:3259
	Código Civil de Louisiana, Artículo 2669-2742

Maine	Estatutos Revisados de Maine, Título 14, Secciones 6001-6045
Maryland	Código con Anotaciones de Maryland, Bienes Raíces, Secciones 8-101 a 8-604
Massachussets	Leyes Generales con Anotaciones de Massachussets, Capítulo 186, Secciones 1-21
Michigan	Leyes Compiladas con Anotaciones de Michigan, Sección 554.601-.640
Minnesota	Estatutos con Anotaciones de Minnesota, Secciones 504B.01 a 504B.471
Mississippi	Código de Mississipi, empieza con la Seccion 89-8-1
Missouri	Estatutos con Anotaciones de Missouri, Secciones 441.010-650; Secciones 535.150-.300
Montana	Código con Anotaciones, Secciones 70-24-101 a 70-25-206
Nebraska	Estatutos Revisados de Nebraska, Secciones 76-1401 a 76-1449
Nevada	Estatutos Revisados con Anotaciones de Nevada, Secciones 18A.010-.520
New Hampshire	Estatutos Revisados con Anotaciones de New Hampshire, Secciones 540:1 a 540:29; 540-A:1-540-A:8
New Jersey	Estatutos con Anotaciones de New Jersey, comienza con la Sección 46:8-1

New Mexico	Estatutos con Anotaciones de New Mexico, comienza con la Sección 47-8-1
New York	Leyes de Bienes Raíces de New York, Secciones 220-338;
	Acciones de Bienes Raíces y Leyes de Procedimientos Sección 701-853
	Ley Múltiple de Vivienda
	Ley Múltiple de Residencia
	Ley de Obligación General, Secciones 7-103-108
North Carolina	Estatutos Generales de North Carolina, Secciones 42-1 a 42-14.2;42-25-6 a 42-76
North Dakota	Código Centenario de North Dakota, Secciones 47-16-01 a 47-16-41
Ohio	Código Revisado de Ohio, Secciones 5321.01-19
Oklahoma	Estatutos de Oklahoma, Título 41, Secciones 1-136
Oregon	Estatutos Revisados de Oregon, Secciones 90.100-450
Pennsylvania	Estatutos de Pennsylvania, Título 68, Secciones 250.101-.510-B
Rhode Island	Leyes Generales de Rhode Island, Secciones 34-18-1 a 34-18-57
South Carolina	Código de Leyes de Carolina del Sur, Secciones 27-40-10 a 27-40-910

South Dakota	Leyes Codificadas de South Dakota, empieza con la Sección 43-32-1
Tennessee	Código con Anotaciones de Tennessee, Secciones 66-28-101 a 66-28-520
Texas	Código de la Propiedad de Texas, Secciones 91.001-92.354
Utah	Código con Anotaciones de Utah, Secciones 57-17-1 a 57-17-5, 57-17-22-1 a 57-17-6
Vermont	Estatutos con Anotaciones de Vermont, Título 9, Secciones 4451-4468
Virginia	Código de Virginia, Secciones 55-218.1 a 55-248.40
Washington	Código Revisado con Anotaciones de Washington, Secciones 59.04.010-.900, 59.18.010-.910
West Virginia	Código de West Virginia, Secciones 37-6-1 a 37-6-30
Wisconsin	Estatutos con Anotaciones de Wisconsin, Secciones 704.01-704.45
Wyoming	Estatutos de Wyoming, Secciones 1-2-12-1 a 1-21-1211; 34-2-128 a 34-2-129

Las Leyes que se Refieren al Depósito de Seguridad

Muchos estados tienen leyes que cubren los depósitos de seguridad. Muy pocas ciudades (específicamente aquellas que tienen control de alquiler) también tienen estas leyes. En muchos estados las leyes limitan la cantidad de depósito que se requiere. Algunos solicitan cuentas separadas y pocos requieren el pago de interés a los inquilinos. (Mientras que hoy en día los propietarios algunas veces pueden recibir solamente el 2% o 3% de interés de sus bancos, en algunas ciudades los propietarios tienen la obligación de pagar, por ley, al inquilino ¡5% o más por sus depósitos!)

Los siguientes estados tienen leyes de las sumas que se pueden requerir en concepto de depósito:

Alaska	Kansas	New Hampshire
Arizona	Louisiana	New Jersey
Arkansas	Maine	New Mexico
California	Maryland	North Carolina
Connecticut	Massachussets	North Dakota
Delaware	Michigan	Pennsylvania
D.C.	Missouri	Rhode Island
Hawai	Nebraska	South Dakota
Iowa	Nevada	Virginia

Algunos estados hacen excepciones con los propietarios de pequeña escala. Otros estados tienen ciertos requisitos que se deben cumplir si un propietario desea retener un depósito de seguridad. Si usted no cumple con la ley al pie de la letra, el inquilino recibe su depósito devuelta más los honorarios del abogado, aunque haya destruido la propiedad.

La Discriminación

Además de las leyes federales de discriminación, muchos estados y municipalidades tienen sus propias leyes. La lógica es que mientras algunas soluciones federales pueden resultar dificultosas de imponer, la existencia de una ley local puede proveer más protección. Algunas de estas leyes son aún más estrictas que las leyes federales e incluyen más categorías, tales como "orientación sexual".

En algunas áreas, tales como el Condado de Dade en Florida, la ley que protege la discriminación en contra de la edad es tan estricta que ha hecho imposible construir viviendas para ancianos.

El Acceso

En algunas regiones hay leyes que regulan cuándo el propietario puede entrar a la unidad, debido a algunos propietarios desconsiderados que se han presentado en el dormitorio del inquilino sin anunciarse. En la mayoría de los casos se requiere una "notificación razonable". Si no existiera una ley que otorgara al propietario el derecho de entrar y el contrato no estipulara el acceso del propietario, él no tendría el derecho de entrar al establecimiento hasta que termine el contrato. Aunque haya o no haya ley, es importante dejar bien claro los derechos del propietario en el contrato. De esta manera no habrá desacuerdos o resentimientos.

El Control de Rentas o Alquiler

En algunas comunidades en cuatro estados y en el Distrito de Columbia, hay leyes que regulan la suma de alquiler que un propietario debe cobrar. Estos estados son California, Maryland, New Jersey y New York. Si usted es dueño de una propiedad para alquilar ubicada en el area de control de alquiler, debería obtener las normas aplicables de la junta local de control de rentas o alquileres o, una asociación de propietarios de apartamentos.

La Responsabilidad

Algunos estados tienen leyes que prohíben al propietario que se proteja a sí mismo de la responsabilidad por sus propios actos con cláusulas en el contrato. En algunos casos ésto puede significar que tal cláusula en el contrato meramente puede ser ignorada. Donde este caso se dé, usando tal cláusula puede proveer cierta protección de los inquilinos quienes leen la cláusula y no se molestan en hacer reclamos. Sin embargo, en algunos casos tal cláusula puede brindarle una excusa al juez para anular el contrato completamente u otorgar otros derechos al inquilino.

El Mantenimiento

En muchos lugares hay leyes que requieren que los propietarios tengan a su cargo cierto mantenimiento del establecimiento. En algunos casos el propietario puede invalidar la ley estipulando lo contrario en el contrato, pero en ese caso la ley invalida el contrato. En algunas partes el propietario puede establecer que el inquilino se ocupe del mantenimiento en una casa de familia o en edificios de dos o tres unidades, pero no en un gran edificio de departamentos.

La Reparación y la Deducción

En algunos estados, cuando el propietario no realiza el mantenimiento en el establecimiento, se le permite al inquilino que lo mande a hacer por medio de una tercera parte y lo puede deducir del costo de la renta. En algunos casos se puede invalidar la ley estableciendo en el contrato que el inquilino está de acuerdo en realizar todo el mantenimiento bajo su propio costo.

La Declaración

Muchos estados tienen leyes que requieren ciertas declaraciones para el inquilino, por ejemplo: se debe especificar si la factura de la electricidad cubre las luces del pasillo tanto como las del apartamento. Georgia y Oklahoma requieren declaraciones acerca de si la unidad se ha inundado o no durante los últimos cinco años. Florida requiere una declaración de la persona autorizada a recibir notificaciones de los inquilinos para el propietario, y cuando se trata de edificios mayores de tres pisos, se deben detallar las disponibilidades que existan en caso de incendio. California requiere declaración en caso de que un ofensor sexual viva en el área, para que una persona pueda obtener información del estado. Hawaii requiere una declaración por parte del propietario donde indique el número de contribuyente de impuesto de consumo.

Las Camas de Agua

En muchas partes hay leyes que indican que un propietario no puede prohibir las camas de agua en sus unidades. Afortunadamente, el propietario puede requerir, comúnmente, que el inquilino compre un seguro en caso de que la cama de agua cause daño a la propiedad.

El Idioma

Algunos estados tienen leyes que requieren que si un contrato se negocia en un idioma que no sea inglés, debe escribirse en ese mismo idioma.

Servicios Públicos

En algunos estados si los servicios públicos de un inquilino cubren más que su unidad, se requiere que se explique en el contrato exactamente qué cosas debe pagar el inquilino.

El Radón

En algunos estados las leyes requieren que cada contrato contenga una mención del posible daño que pueda ocasionar el gas radón. Aunque pueda parecer como algo que el propietario no desearía hacerlo, en realidad es una protección para el propietario en caso de un litigio en su contra. Lo mismo que los avisos en las cajas de cigarrillos, esto puede llegar a proteger al propietario si el inquilino más tarde desea iniciar un juicio por daños.

Asbestos

En algunos estados se requiere que el propietario declare al inquilino la presencia de asbestos en el edificio. Si existe esa declaración en el contrato puede protegerle al propietario de responsabilidad, pero también puede asustar a los presuntos inquilinos.

La Terminación del Contrato

Normalmente la ley estatal controla cuándo y cómo un inquilinato o arrendamiento puede terminar. Cuando hay un contrato con un periódo de duración prefijo el propietario generalmente le da al inquilino cierta notificación antes de la terminación del contrato por incumplimiento de pago. Aún en el caso de arrendamiento de mes a mes, la ley puede establecer cuántos días de notificación se deben otorgar antes de la terminación.

Ejemplo: En algunos estados, en un caso de inquilinato de mes a mes se deben otorgar quince días de notificación para la terminación. Pero a menudo ésta no se puede finiquitar en la mitad de un mes. Así que si el propietario da una notificación de terminación el 20 de enero, el inquilino puede permanecer hasta el 28 de febrero. Ésto es porque el 20 de enero no le da al inquilino los quince días de aviso antes de la finalización del término requerido por la ley.

Los Formularios

En algunos lugares la ley requiere o recomienda los formularios de alquiler o notificaciones. Estos incluyen formularios de alquiler o avisos para pagar la renta, desocupar la unidad o presentar el desalojo por medio de orden judicial. Si los formularios son simplemente recomendados, sería mejor utilizar su propio formulario o adaptar los formularios recomendados, agregándoles algunas cosas para mejorarlos en el caso de que sea necesario.

Otras Leyes

Usted debería leer cuidadosamente las leyes locales que se aplican en caso de alquiler de una propiedad en su estado ya que existe toda clase de provisiones que usted ni siquiera se imaginaría y que se han transformado en leyes. En California, por ejemplo, el propietario debe aconsejar al inquilino si la propiedad está ubicada a una milla de una propiedad que una vez fuera (no actualmente) una base militar.

6 BASES DE UN CONTRATO DE ARRENDAMIENTO

Para que un contrato inmobiliario se pueda hacer cumplir debería contener la siguiente información:

- Identificación de las partes;

- Descripción del establecimiento;

- Claros términos de pago;

- Un acuerdo de alquiler; y,

- Un término.

Para protegerse de potenciales perdidas, tanto al propietario como al inquilino se les informa que deben agregar cláusulas específicas para cubrir diferentes situaciones que pueden crearse durante el arrendamiento o inquilinato. A menudo, un propietario ha pasado su vida ahorrando en sus propiedades y depende de un flujo de dinero estabilizado como ingresos o pagos de hipotecas. Un inquilino pasará una porción de su vida en los establecimientos y si las cosas no van bien, esta situación puede ser muy incómoda.

Algunos inquilinos cuidan las propiedades que alquilan y en algunos casos hasta las mejoran, pero muchos de ellos causan serios daños a la vivienda y desaparecen debiendo dinero. Algunos propietarios están a la expectativa de los intereses de los inquilinos y tratan de mantenerlos contentos; otros no.

Para un propietario, un contrato puede ofrecer estas protecciones:

■ Confinar al inquilino dentro de un término establecido y

■ Proveer soluciones por las acciones de los inquilinos.

Para un inquilino el contrato de alquiler puede ofrecerle las siguientes protecciones:

■ Confinar al propietario dentro de un término establecido;

■ Asegurarle que el alquiler no incrementará durante ese término; y,

■ Proteger el usufructo de la unidad.

Contrato de Arrendamiento versus Pacto de Alquiler

La diferencia entre un contrato y un pacto de alquiler generalmente es que un contrato se establece por cierto período de tiempo, tal como un año. Un pacto de alquiler se realiza con la intención de que un alquiler puede ser terminado por cualquiera de las dos partes en cualquier momento (usualmente con una notificación razonable).

Puesto que algunos propietarios no desean estar confinados a un término a una o suma de alquiler, a veces ellos le huyen al hecho de tener que firmar contratos. Hay acuerdos que se usan, algunos de los cuales se titulan "pactos de alquiler", que intentan confinar a un inquilino a un término, pero que permiten que el propietario termine el tratado en cualquier momento. La mayoría de estos pactos de alquiler no se pueden hacer cumplir legalmente.

Un convenio en el cual una parte debe ejecutar mientras que la otra parte puede salir de ello en cualquier momento no es un contrato obligatorio. Si el propietario puede cancelar o terminar el contrato en cualquier momento, el inquilino puede también terminar el contrato en cualquier momento, aun si el contrato dice que él está confinado a un término fijo.

Similarmente, hay contratos que establecen que, en el evento de un litigio, el inquilino debe pagar los honorarios del abogado del propietario. Si éste no le aclara que el inquilino solamente paga si él pierde o que el perdedor paga los honorarios del abogado del ganador, ésto podría ser considerado excesivo por una corte.

Cuando se considera el uso de estos tipos de acuerdos un propietario debe poner en la balanza la probabilidad de un juicio contra los beneficios de utilizar un convenio fuerte. La mayoría de los inquilinos deben creer que estas cláusulas se pueden hacer cumplir y pocos inquilinos hacen que un abogado revise su contrato, así que la mayoría de las veces las cláusulas inimputables pueden servir el propósito (En los pocos casos que van a la corte el propietario podría ser advertido para llegar a un acuerdo con el inquilino y considerar esto el precio que se deberá pagar por todo el tiempo en que la cláusula funcionó.)

Los contratos rígidos funcionan mejor con los inquilinos de clase media quienes no pueden costear ayuda legal. Los ricos pueden pagar a los abogados y el pobre tiene abogado gratis. El mayor peligro para el propietario es tener un inquilino que tiene derecho a obtener asistencia legal gratuita. Estos abogados, usualmente pagados con los dólares recaudados de los impuestos del propietario, saben como extender un caso por meses y en algunos casos por años.

Para el propietario que desea poder desalojar a un inquilino revoltoso o vender la propiedad sin recurrir a cláusulas cuestionables, hay otras soluciones que pueden utilizarse en un contrato que contenga vocabulario seleccionado.

■ En el contrato se debe especificar claramente qué actos constituyen un incumplimiento. Debe demandarse estricto cumplimiento y el desalojo se debe llevar a cabo inmediatamente después del incumplimiento de pago.

■ Si el propietario intenta vender la propiedad en algún momento durante el término vigente del contrato, puede tener la opción de alquilar mes a mes y correr el riesgo de perder el inquilino antes, o puede otorgarse a sí mismo la "opción para terminar el contrato". En lugar de que el propietario se permita que el contrato finalice en cualquier momento, lo cual dejaría al contrato sin poder para ejecutarlo, la *opción para terminarlo* tendría efecto solamente si la propiedad fuera vendida. (En algunos lugares existe la posibilidad que aun en tal opción dejaría el contrato sin poder para ejecutarse legalmente en contra del inquilino. Para estar seguro que el contrato es ejecutable debería establecerse que el propietario puede terminar solamente si él le presta cierta consideración al inquilino. Esta consideración podría ser treinta días de notificación además de $100 de crédito deducibles del alquiler, o un mes de alquiler gratis.)

El Desalojo

En algunas áreas los *desalojos* son caros y los procedimientos consumen mucho tiempo, pero en otras áreas las cortes legales proveen formularios de desalojo y esto es relativamente rápido y simple. En algunos estados se encuentran disponibles libros que indican cómo hacer un desalojo. Los mejores incluyen formularios para prepararlos usted mismo y explican los pasos a seguir en el proceso.

Como se ha dicho anteriormente, el propietario deberá investigar al inquilino cuidadosamente. El propietario siempre debe presentar una solicitud donde el inquilino pueda dar referencia de varios propietarios a quienes les ha alquilado anteriormente. No es conveniente pedirle referencias al actual propietario ya que puede decir que es bueno solamente por deshacerse de él o ella. Es mejor consultarle al propietario anterior.

Tenga cuidado con los inquilinos que usan a los amigos como propietarios anteriores Haga preguntas sobre el inquilino que incluyan la suma del alquiler pagada, la fecha en que comenzó y terminó el arriendo, quiénes fueron los otros inquilinos en el edificio, etc.

En algunos lugares la ley les otorga más derechos a los inquilinos que tienen contratos. Si éste es el caso en donde usted vive, puede utilizar un alquiler por acuerdo sin establecer términos. Sin embargo, usted debe tener en cuenta que con un alquiler por convenio el inquilino puede irse luego de un mes o dos y usted puede perder su dinero durante el período en que la unidad se encuentre vacante. Esto es especialmente cierto en las áreas donde los alquileres son de acuerdo a la temporada y en ciertos meses la renta es más alta.

7 CLÁUSULAS BÁSICAS DEL CONTRATO

Este capítulo contiene todo lo que se necesita sobre las opciones que se usan en las cláusulas básicas del contrato de bienes raíces. Le ofrece diferentes versiones de la mayoría de ellos y cada una presenta distintos derechos legales. Usted deberá leer cada opción para ver cuál de ellas es la más conveniente de acuerdo a sus necesidades.

Luego de haber escogido las opciones básicas en este capítulo, debería revisar los subsiguientes donde se tratan los contratos residenciales, comerciales o de espacios en depósitos para seleccionar las opciones de cláusulas que se necesitan en su contrato.

En la mayoría de las cláusulas se explican las diferentes posiciones del propietario y del inquilino. En pocas de ellas, la posición de ambas partes es la misma, así que sólo se explica el propósito de la cláusula.

En caso de que usted sea propietario o inquilino puede usar este capítulo indistintamente para analizar un contrato que usted va a firmar y así ver cuál de las cláusulas le afectan sus derechos.

Si usted es propietario puede usarl este capítulo para crear un contrato que proteja mejor sus intereses.

NOTA: *Aunque muchos contratos usan los términos arrendador y arrendatario, se ha decidido usar "propietario e inquilino" para que el libro sea más fácil de comprender.*

Las Partes, La Propiedad, Consideración y Acuerdo

Propósito   El contrato debe contener los nombres de las partes, la descripción de la propiedad, narración de *consideraciones* (acuerdo mutuo en el contrato) y un pacto para alquilar. Es mejor para todas las partes involucradas si existe una descripción clara de lo que significa exactamente la propiedad que se incluye en el contrato.

La Posición del Propietario   Usualmente es a favor del interés del propietario que se solicite que todos los inquilinos que firman el contrato sean mayores de edad. De esta manera se pueden considerar financieramente responsables en caso de incumplimiento. En el caso de que el inquilino fuera una corporación—especialmente una nueva corporación—o fideicomiso, el propietario debería requerir que un funcionario o beneficiario se haga responsable para que garantice el contrato personalmente.

La Posición del Inquilino   Si los inquilinos son una pareja de casados, es mejor que uno solo firme el contrato. Si firmaran los dos, probablemente todos los bienes raíces en conjunto pueden estar sujetos a los reclamos del dueño.

Opción #1

Propietario:_____   Inquilino:_____

_____   _____

_____   _____

Propiedad:_____EN CONSIDERACIÓN de un acuerdo mutuo y acuerdos que aquí se detallan, el propietario alquila por este medio al inquilino y el inquilino alquila del propietario, por este medio, la propiedad arriba referida juntamente con cualquier otra propiedad personal detallada en el "Cuadro A" aquí adjunto, bajo los siguientes términos y condiciones:

Opción #2

ESTE ACUERDO se ha establecido el _____ de _____ por y entre _____ como propietario y _____ como inquilino por el alquiler de la propiedad descrita como _____ junto con cualquier propiedad personal mencionada en el "Cuadro A" aquí adjunto.

EN CONSIDERACIÓN de acuerdos mutuos y acuerdos contenidos aquí, el propietario alquila al inquilino y el inquilino alquila del propietario la propiedad arriba descrita bajo los siguientes términos y condiciones:

NOTA: *Si la propiedad está amueblada asegúrese de detallar los muebles en un Cuadro A separado. Esta lista deberá también incluir previos daños a cualquier propiedad; de ese modo quedará claro si hubo cualquier daño causado por el inquilino.*

NOTA: *Ambas opciones le permiten adjuntar una lista de propiedad personal para el contrato, la cual deberá estar incluida como parte del contrato. Puede omitir la referencia al Cuadro A si no hubiera una propiedad adicional contratada. La única diferencia es si usted prefiere detallar las partes primero, o dentro del texto del contrato.*

Condiciones de Pago

Propósito   El lugar y la forma de pago del alquiler deberían estar claramente especificados. En algunos estados el propietario puede requerir que se hagan los pagos en efectivo aunque no esté estipulado en el contrato, pero en otros estados no es así.

La Posición del Propietario   Si un propietario ha aceptado cheques durante el período de arrendamiento, es posible que no pueda demandar súbitamente que se le pague en efectivo. En todo caso, es mejor tener esto claramente establecido en el contrato. Los propietarios han tenido que litigar hasta presentar una apelación ante la corte para saber si les era posible obtener el derecho a demandar pago en efectivo o no.

La Posición del Inquilino   El inquilino no tiene una posición separada en la cláusula porque la renta es únicamente el beneficio del propietario.

Opción #1

> CONDICIONES DE PAGO. Los pagos deberán ser efectuados antes o en el día estipulado, al propietario, en la siguiente dirección: _____ o en el lugar indicado por escrito por el propietario. El inquilino entiende que necesitará enviar los pagos por correo con suficiente anticipación. En caso de que un cheque sea devuelto por falta de fondos, el propietario puede pedir que se le pague en efectivo o en alguna forma de cheques garantizados.

La opción 1 solamente le permite al propietario demandar el alquiler en efectivo en el caso en que el cheque sea devuelto o rechazado por falta de fondos.

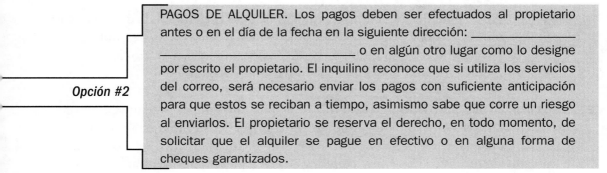

Opción #2

PAGOS DE ALQUILER. Los pagos deben ser efectuados al propietario antes o en el día de la fecha en la siguiente dirección: _____ _____ o en algún otro lugar como lo designe por escrito el propietario. El inquilino reconoce que si utiliza los servicios del correo, será necesario enviar los pagos con suficiente anticipación para que estos se reciban a tiempo, asimismo sabe que corre un riesgo al enviarlos. El propietario se reserva el derecho, en todo momento, de solicitar que el alquiler se pague en efectivo o en alguna forma de cheques garantizados.

La opción número 2 le permite al propietario requerir efectivo por el pago de alquiler en cualquier momento.

NOTA: *Las dos opciones requieren envío temprano de la renta para asegurarse los pagos puntuales. Consulte con sus leyes estatales para ver qué opciones les son permitidas.*

Los Depósitos de Seguridad

Propósito   Generalmente, existe una cláusula indicando la cantidad de dinero que un inquilino debe pagar por adelantado. Esta cantidad es retenida por el propietario en caso de que haya daños ocasionados a la propiedad o si el inquilino abandona la unidad sin pagar el alquiler.

La Posición del Propietario   El depósito de seguridad es una de las cosas más importantes que un propietario debe tener en un contrato. Es la mejor protección que un propietario debería tener, en contra de daños o incumplimiento del contrato. En algunos lugares es muy común que el propietario requiera un depósito de seguridad y adicionalmente, el último mes de alquiler como depósito. En otros, hay tan sólo un depósito de seguridad que puede ser usado para cualquier tipo de daños, no solamente para la renta.

La Posición del Inquilino   A los inquilinos les gustaría que se les devolviera el depósito en el momento de dejar vacante el inmueble (Sírvase observar la opción 2 bajo "Entrega de la unidad o establecimiento" pág. 65.)

Opción #1: Último Mes de Alquiler más Depósito de Seguridad

SEGURIDAD. El inquilino deberá pagar al propietario la suma de $_____ como último mes de renta bajo su contrato, más $_____ como depósito de seguridad.

Opción #2: Depósito de Seguridad Solamente

SEGURIDAD. El inquilino deberá pagar al propietario la suma de $_____ como seguridad por el cumplimiento de su acuerdo. Dicha suma no será usada en concepto de alquiler.

**Opción #3:
Pérdida de
Depósito;
Daños
Adicionales**

(Lo mismo que en la opción 1 ó 2 pero se debe agregar): En caso de que el inquilino termine el contrato antes de la fecha indicada como expiración, dichas sumas no serán reembolsables y se utilizarán para gastos por los problemas que el propietario pueda tener para encontrar un nuevo inquilino; el propietario se reserva el derecho de reclamar daños adicionales si exceden la suma de estos depósitos.

NOTA: *La opción 3 podría permitirle al propietario quedarse con el depósito de seguridad íntegro si el inquilino comete una violación de contrato al dejarlo vacante antes de la fecha. Sin embargo, si el inquilino presenta el problema ante la corte, una corte puede considerar el contrato como no ejecutable ya que éste permite que el propietario elija la más elevada de las dos maneras de figurar los daños. Un contrato que está redactado de esta manera es mejor que el que tiene la opción que dice que si el inquilino deja la propiedad antes, perderá el depósito (Las cortes "aborrecen" una pérdida de depósito y normalmente pueden fallar en contra).*

**Opción #4:
El Uso del
Depósito
Durante el
Arrendamiento**

(Lo mismo que la opción 1 ó 2 pero se agrega): El propietario puede usar dichas sumas del depósito de seguridad como sean razonablemente necesarias para remediar el incumplimiento por parte del inquilino de: pago de la renta u otros términos del contrato, o costos legales, durante o hacia la terminación del arrendamiento.

NOTA: *Los depósitos de seguridad son estrictamente regulados en muchas áreas. Algunas leyes requieren cuentas bancarias separadas o el pago de intereses al inquilino. Debería investigar las reglas en su área y cumplir con ellas. Algunas de las opciones arriba mencionadas pueden ser consideradas como no ejecutables en algunos lugares.*

**Opción #5:
Adición de
Devolución de
Llaves y
Depósito**

(Se debe agregar a cualquiera de las cláusulas de arriba): El depósito de seguridad será devuelto al inquilino cuando éste entregue las llaves al propietario.

Cláusula Separativa

Propósito   En caso de que la corte juzgue que una parte del contrato es anulada, que no se puede ejecutar o que es desmedida, esta cláusula previene que se anule todo el contrato.

La Posición del   Generalmente, el propietario no desea que una cláusula cause la anulación
Propietario   de todo el contrato.

La Posición del   Esta cláusula no afecta los derechos del inquilino.
Inquilino

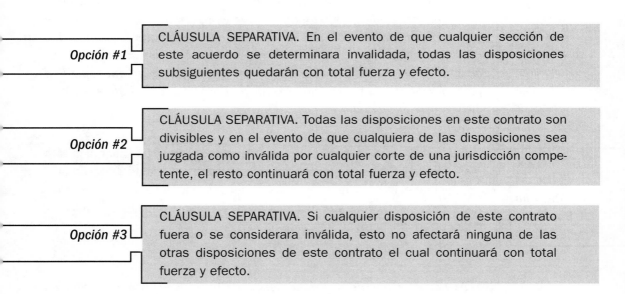

Opción #1   CLÁUSULA SEPARATIVA. En el evento de que cualquier sección de este acuerdo se determinara invalidada, todas las disposiciones subsiguientes quedarán con total fuerza y efecto.

Opción #2   CLÁUSULA SEPARATIVA. Todas las disposiciones en este contrato son divisibles y en el evento de que cualquiera de las disposiciones sea juzgada como inválida por cualquier corte de una jurisdicción competente, el resto continuará con total fuerza y efecto.

Opción #3   CLÁUSULA SEPARATIVA. Si cualquier disposición de este contrato fuera o se considerara inválida, esto no afectará ninguna de las otras disposiciones de este contrato el cual continuará con total fuerza y efecto.

Las tres opciones arriba mencionadas presentan diferentes formas de redactar la cláusula separativa. La que usted debe usar es solamente cuestión de preferencia, porque esencialmente dicen lo mismo en forma diferente. Todas tiene el mismo poder de mantener un contrato intacto.

Los Honorarios de los Abogados

Propósito Generalmente ambas partes desean que se les reintegren sus honorarios legales si tienen que ir a la corte a reclamar sus derechos.

La Posición del Propietario El propietario desea que le reintegren sus costos legales, en el evento de que tuviera cualquier problema con el inquilino.

La Posición del Inquilino El inquilino prefiere no pagar costos u honorarios legales a menos que se le lleve corte y pierda sus derechos en ella. Él querrá que se le devuelvan sus costos legales que ha pagado, si ganara en la corte.

Opción #1: La Parte Victoriosa Obtiene Honorarios Legales en Todas las Cortes (con referencia al contrato)

> HONORARIOS DEL ABOGADO. La parte victoriosa tendrá derecho a recibir honorarios razonables del abogado, en caso de cualquier procedimiento legal referente a este acuerdo incluyendo los procedimientos legales de apelación.

La opción 1 es la que generalmente se encuentra en los contratos.

Opción #2: Únicamente el Propietario Obtiene Honorarios de Abogado de parte del Inquilino

> HONORARIOS DEL ABOGADO. En el evento de que el propietario deba utilizar los servicios de un abogado para hacer valer el convenio, el inquilino deberá pagar al propietario los honorarios del abogado.

Opción #3:
La Parte Victoriosa
Obtiene los
Honorarios aún sin
la Actuación de la
Corte

HONORARIOS DEL ABOGADO. En el evento de cualquier procedimiento legal referente a este acuerdo, incluyendo procedimientos legales de apelación, la parte victoriosa tendrá el derecho a recibir honorarios razonables del abogado. "Los procedimientos legales" incluirán cualquier servicio legal que se haya usado antes del comienzo del litigio.

NOTA: *La segunda y la tercera opción son mejores para el propietario, ya que le permite el derecho de los gastos de abogado aunque el abogado meramente haya enviado una carta y no tenga que ir a la corte.*

NOTA: *En algunas áreas quien gana en cualquier caso presentado en corte debería tener derechos a los gastos de honorarios de abogado sin tener en cuenta lo que dice el contrato. Por lo tanto, hay una oportunidad de que la segunda opción puede ser considerada desmedida, ya que no le otorga al inquilino el derecho a los gastos aún en el caso de que él gane. Así es que la tercera alternativa quizás sea la preferida por un propietario cuidadoso.*

Opción #4:
La Parte Victoriosa
Obtiene
Honorarios en
Todas las Cortes
(con referencia a
cualquier acción)

HONORARIOS DEL ABOGADO. En el evento de que cualquier procedimiento entre las partes de este contrato, incluyendo los procedimientos legales, la parte victoriosa deberá tener el derecho a recibir gastos razonables en concepto de honorarios del abogado.

La opción 4 es como la opción 1, pero cubre cualquier litigio entre las partes aunque no estuviese relacionado con el contrato. Esto generalmente debería ser favorable para el el inquilino, ya que el propietario es el que debería estar más propenso a tener una demanda que no se relaciona con el contrato, tal como una demanda por accidentes en el establecimiento.

Opción #5:
Cada Parte
Paga sus
Propios Gastos
del Abogado

HONORARIOS DEL ABOGADO. En el evento de una disputa entre las partes sobre este punto, cada uno acuerda pagar sus propios gastos de abogado.

NOTA: *Debido a que en algunas áreas se puede imponer un juicio en contra del inquilino hasta dentro de veinte años (con intereses) es bueno tener la opción en un caso de litigio en contra del inquilino. Aún en el caso de tener un inquilino a prueba de juicio (o sea imposible de cobrarle) éste puede tener una herencia o ganar la lotería algún día. Si el propietario se muestra más preocupado por los juicios en contra del inquilino por medio de la ayuda legal de un abogado, puede considerar una opción alegando que cada parte pagará sus propios gastos legales. En algunos estados esto puede ser denegado por un estatuto o juez, pero en otros puede ahorrar dinero y evitar litigios.*

La Renuncia del Derecho de Juicio ante Jurado

Propósito

La cláusula de renuncia del derecho de juicio ante jurado, le permite un juicio sin jurado. Solamente el juez preside la sesión.

La Posición del Propietario

Mientras el juicio toma lugar entre el propietario y el inquilino, frecuentemente el inquilino utiliza la propiedad sin costo de renta. Los juicios donde interviene un jurado toman más tiempo que los juicios ante un juez; en algunas ocasiones los inquilinos lo solicitan para comprar más tiempo. Adicionalmente, algunos creen que un jurado más frecuentemente está a favor del inquilino. Por lo tanto, la *renuncia* del derecho de juicio ante jurado favorece al propietario.

La Posición del Inquilino

Los inquilinos preferirían que esta cláusula no figure en el contrato, porque por supuesto les gustaría tener la opción de un juicio ante jurado.

Opción #1: La Renuncia con Referencia al Contrato

RENUNCIA DEL DERECHO DE JUICIO ANTE JURADO. Tanto el propietario como el inquilino, por este medio renuncian al derecho de juicio ante jurado en cualquier acción que se presente durante este convenio.

Opción #2: La Renuncia Incluyendo Cual quier Tema sobre el Inmueble

RENUNCIA DEL DERECHO DE JUICIO ANTE JURADO. Tanto el propietario como el inquilino, por este medio, renuncian del derecho de juicio ante jurado en cualquier acción que pudiera surgir de este convenio o del uso de la propiedad por parte del inquilino.

NOTA: *En algunas partes la cláusula de renuncia del derecho de juicio ante jurado puede ser no ejecutable y algunos jueces pueden considerarla desmedida. La opción 2 es aún más fuerte, ya que se renuncia al derecho de juicio ante jurado en demandas que no están relacionadas al contrato (tal como un accidente por parte del inquilino) pero es más riesgoso que sea considerada no ejecutable o desmedido.*

Renuncia

Propósito   Esta cláusula aclara que el hecho de permitirle al inquilino que realice algo alguna vez no significa que pueda suceder siempre.

La Posición del Propietario   Si el propietario le deja pasar algo al inquilino una vez, el inquilino puede estar legalmente capacitado para hacerlo otra vez.

La Posición del Inquilino   El inquilino prefiere tener los mismos derechos que el propietario.

Opción #1: La Cláusula que Protege al Propietario

> RENUNCIA. Cualquier falla por parte del propietario al ejercitar cualquiera de sus derechos bajo este acuerdo no constituirá una renuncia a sus derechos de Propietario.

Opción #2: La Cláusula que Protege a Ambas Partes

> RENUNCIA. Cualquier falla cometido por una de las partes bajo este acuerdo al ejercitar cualquiera de sus derechos establecidos en el mismo no constituye una renuncia a los derechos de esa parte.

La opción 2 le permite los mismos derechos a ambas partes interesadas, y se considera más equitativa en las cortes.

Opción #3: La Cláusula Alternativa que Protege al Propietario (permite la liberación a disposiciones específicas)

> RENUNCIA. Si el propietario desea liberar cualquier disposición de su contrato, no se debería interpretar como una liberación de violación adicional de tal disposición.

**Opción #4:
La Cláusula que
Protege al
Propietario (permi-
tiendo múltiples
liberacions)**

RENUNCIA. Una o más concesiones de cualquier pacto o condición por parte del propietario, no deberá ser interpretada como una liberación de una violación adicional del mismo pacto o condición.

El Abandono (La Cesión)

Propósito En caso de que el inquilino abandonara la propiedad y retirara todas sus pertenencias antes de finalizar el contrato, esta cláusula le permite algunas opciones.

La Posición del Propietario En caso de que el inquilino desapareciera, el propietario deseará realquilar el inmueble rápidamente. Ya que puede haber disputas para resolver sí la unidad fue efectivamente *abandonada* por el inquilino, el propietario puede solicitar una definición clara de abandono. Sin embargo, esta definición puede ser denegada por otra definición provista por las leyes locales o estatales.

La Posición del Inquilino El inquilino podría preferir que haya una definición clara de lo que significa abandono, tal como se describe en las opciones 2 y 3.

Opción #1: Cláusula Simple

ABANDONO. En el evento de que el inquilino haga abandono de la propiedad antes de la expiración del contrato, el propietario debe subalquilarla y mantener al inquilino responsable por cualquier costo, pérdida de alquiler o daño a la propiedad. El propietario puede disponer de cualquier pertenencia personal que haya abandonado el inquilino.

Opción #2: Cláusula Simple con Definición de Abandono

ABANDONO. En el evento de que el inquilino haga abandono de la propiedad antes de la expiración del contrato, el propietario debe subalquilarla y mantener al inquilino responsable por cualquier costo, pérdida de alquiler o daño a la propiedad. El propietario puede disponer de cualquier propiedad personal que haya sido abandonada por el inquilino. Será considerado abandono cuando el inquilino haya quitado la mayoría de sus pertenencias de la propiedad o se haya ausentado de la propiedad por un término de quince días sin avisarle al propietario.

La opción 2 le proporciona al propietario una definición clara de abandono.

Opción #3:
Cláusula con
Derechos
Expansivos para el
Propietario

ABANDONO. En el evento de que el inquilino abandonara la propiedad antes de que el contrato expire, el propietario puede (1) volver a tomar la posesión de la propiedad y mantener financieramente responsable al inquilino por la diferencia de alquiler no recibido, (2) volver a tomar la propiedad por su propia cuenta y exonerar al inquilino de mayores responsabilidades, o (3) no hacer nada y mantener al inquilino responsable por el alquiler. El propietario puede disponer de cualquier pertenencia personal abandonada por el inquilino. Se considerará abandono cuando el inquilino haya retirado sus pertenencias de la propiedad o cuando el inquilino se haya ausentado por más de quince días sin darle notificación al propietario.

Opción #4:
Cláusula con
Detalle de los
Derechos del
Propietario
(más derecho de
reposesión)

ABANDONO. Si en algún momento durante el término de este contrato el inquilino abandona la propiedad o cualquier parte de ésta, el propietario puede, de acuerdo con su elección, obtener posesión de la propiedad en la manera provista por la ley, y sin hacerse financieramente responsable de pagarle al inquilino indemnizaciones, o ningún otro pago de ninguna naturaleza. El propietario, a su discreción, como agente del inquilino, puede subarriendar la propiedad, o cualquier parte de ésta, por una período del término no vencido o el total del mismo, y puede recibir y recaudar todo el alquiler pagable en virtud de tal subarriendo, y por su decisión, puede mantener responsable al inquilino por cualquier diferencia que haya entre el balance de la renta que debía ser pagada bajo este contrato durante el término no caducado, y el neto del alquiler comprendido por tal período en que el propietario tuviera que subarrendar, como si el contrato continuara en vigencia. Si el derecho de volver a tomar posesión se ejercita a continuación del abandono del inmueble, el propietario puede considerar cualquier pertenencia del inquilino como que también ha sido abandonada, en cuyo caso el propietario puede disponer de toda pertenencia personal en la forma que considere apropiado; por este medio es liberado(a) de toda responsabilidad por hacerlo.

Las opciones 3 y 4 le dan al propietario más elecciones, pero consulte sobre las limitaciones de las leyes locales. (En los contratos comerciales generalmente no hay leyes locales que denieguen las cláusulas.)

NOTA: *En algunas áreas existen leyes con relación a los efectos personales que son abandonados por los inquilinos y en algunos casos el aviso de abandono de los efectos personales debe ser publicado en el periódico. Sírvase consultar sus leyes locales.*

Subordinación

Propósito   Esta cláusula permite que el propietario refinancie la propiedad.

El propietario puede tener problemas al refinanciar la propiedad a menos que el inquilino subordine su interés en derechos de arrendamiento. (Esto significa que el propietario está de acuerdo que el prestamista tenga mayor derecho sobre la propiedad que el inquilino.)

La Posición del   El riesgo del inquilino es que si el banco ejecuta la hipoteca, el contrato ya
Propietario   no será válido. Tanto en el arrendamiento residencial como comercial esto podría significar la terminación del arrendamiento o incremento de alquiler. En un mercado débil (de arrendamiento) el propietario puede estar contento de tener un inquilino que ocupe la unidad por la misma renta, pero en un arrendamiento comercial donde el inquilino tiene miles de dólares invertidos en el establecimiento de negocios el prestamista podría usar esto como para forzar el incremento de la renta.

La Posición del   El inquilino preferiría no subordinar su contrato al prestamista porque éste
Inquilino   podría sacarlo si hubiera una ejecución de hipoteca. Sin embargo, en muchos casos (a menos que la renta esté baja) el prestamista preferirá que el inquilino se quedara y pagara la renta. Así que en muchos casos esto no es un gran problema. La mejor situación para el inquilino sería que el contrato no tenga esta cláusula.

**Opción #1:
El Inquilino Está
de Acuerdo en
Firmar
un Documento de
Subordinación**

SUBORDINACIÓN. El interés (derecho de arrendamiento) del inquilino sobre la unidad deberá ser subordinado para cualquier gravamen que afecte a la propiedad ahora o en lo sucesivo, como así también sobre cualquier adelanto hecho bajo tal gravamen y para cualquier extensión o renovación de éste. El inquilino está de acuerdo en firmar cualquier documento que indique tal subordinación, el cual puede ser requerido por los prestamistas.

NOTA: *La opción 1 es la más fuerte de las dos opciones aquí, le da al propietario el derecho de obtener nueva financiación y le requiere al inquilino que firme los documentos necesarios.*

**Opción #2:
No Se Requiere
la Firma del
Inquilino**

SUBORDINACIÓN. Conforme a la presente, este contrato y el interés del inquilino (derecho de arrendamiento) están y estarán subordinados para cualquier derecho de retención o gravámenes que el propietario aplique al inmueble, ahora o en lo sucesivo; todos los adelantos hechos bajo cualquiera de tales derecho de retención o gravámenes, como así también el interés pagado sobre cualquiera de tales derecho de retención o gravámenes, y cualquiera o todas las renovaciones o extensiones de tal derecho de retención o gravámenes.

Es muy probable que el inquilino prefiera la opción 2, ya que una nueva y mayor hipoteca podría presentar grandes riesgos de incumplimiento que al final resultaría en la terminación del contrato del inquilino.

Entrega de la Unidad o el Establecimiento

Propósito   Esta cláusula dispone cómo se debe entregar la propiedad después del arriendo.

La Posición del Propietario   El propietario desea asegurarse que el inquilino comprenda que la unidad o el establecimiento debe ser entregado apropiadamente, es decir en condiciones impecables. Adicionalmente, el propietario desea asegurarse de tener las llaves en su poder. (Ya que es imposible saber si el inquilino hizo copias de las llaves, es mejor cambiar la cerradura una vez que se haya ido.)

La Posición del Inquilino   Para los inquilinos es un problema que algunos propietarios esperen que la unidad deba entregarse en las mismas condiciones originales. En la mayoría de los lugares el inquilino no es responsable por los deterioros normales causados por el uso. El inquilino no debe dejar la unidad sucia o dañada, pero no debe ser considerado responsable por el uso relacionado con el tiempo que haya ocupado la vivienda. Desde el punto de vista del inquilino es mejor que esto sea aclarado en el contrato, y aún no haciéndolo ésta será la situación. Al inquilino también le gustaría recibir su depósito en el mismo momento de la entrega.

Opción #1: Entrega sin Ninguna Obligación del Propietario   ENTREGA DE LA UNIDAD (O ESTABLECIMIENTO). En el momento de la expiración de este contrato, el inquilino inmediatamente deberá entregar la posesión de la unidad (o establecimiento) en buenas condiciones como se encontraba al comienzo de este contrato. El inquilino le entregará las llaves de la unidad al propietario, incluyendo las llaves hechas por el inquilino o los agentes del mismo.

La opción 1 es mejor para el propietario.

*Opción #2:
Entrega con
Obligación del
Propietario—
Devolución del
Depósito*

ENTREGA DE LA UNIDAD (O ESTABLECIMIENTO) En el momento de expiración del contrato, el inquilino deberá entregar la posesión de la unidad (o establecimiento) en impecables condiciones (limpio) y sin daños, es de esperarse que la unidad haya sufrido deterioros normales por el uso. En el momento de entrega del depósito el inquilino deberá entregar al propietario las llaves de la unidad (o establecimiento) incluyendo copia de las llaves hechas por él (ella) o agentes del inquilino.

La opción 2 es mejor para el inquilino porque requiere que el propietario le devuelva el depósito en el mismo momento en que se hace entrega de las llaves.

Las Modificaciones y Mejoras

Propósito   Esta cláusula determina las normas por las cuales el inquilino puede cambiar la propiedad alquilada con cosas como pintura y accesorios.

La Posición del Propietario   El propietario no quiere que los inquilinos modifiquen la unidad o que utilicen colores inusuales para pintarla. (Muchos propietarios se han encontrado con las paredes violetas, negras o color ámbar oscuro cuando les han entregado la propiedad). El propietario tampoco desea que el inquilino modifique el sistema eléctrico o las instalaciones de plomería, lo cual puede causar daños a la propiedad o al espacio de los otros inquilinos.

La Posición del Inquilino   El inquilino desea tener flexibilidad para modificar la unidad, y si la modificación mejora el valor de la propiedad o el inquilino está de acuerdo a devolver la unidad en las condiciones originales, no debería haber ninguna objeción por parte del propietario.

Opción #1:
No Modificaciones
sin el
Consentimiento
del Propietario

> MODIFICACIONES Y MEJORAS. El inquilino no podrá hacer modificaciones o mejoras a la unidad (incluyendo pintura) sin el consentimiento por escrito del propietario y ninguna modificación o mejoras deberá cambiar la propiedad a menos que el propietario esté de acuerdo por escrito.

Opción #2:
Se Permiten
Ciertas
Modificaciones

> MODIFICACIONES Y MEJORAS. El inquilino puede hacer modificaciones menores a la unidad o el establecimiento (tal como pintura, papel de las paredes, accesorios eléctricos) para satisfacer sus necesidades.

Las siguientes opciones son más apropiadas para los contratos comerciales.

Opción #3:
Cláusula de
Modificacione
s Comerciales

MODIFICACIONES Y MEJORAS El inquilino no podrá realizar modificaciones sobre la edificación del establecimiento o construir mejoras en el mismo sin previo consentimiento del propietario. Con excepción de pertenencias personales movibles y accesorios desmontables sin ocasionar daño al establecimiento, todas las modificaciones, cambios y mejoras montadas, construidas o hechas en el establecimiento por el inquilino pasarán a ser posesión del propietario y permanecerán en el establecimiento en el momento de expirar o en el caso de una temprana terminación del contrato, a menos que sea provisto por acuerdo escrito entre el propietario y el inquilino.

Opción #4:
Cláusula de
Modificaciones
Comerciales—
Control de
Trabajo del
Propietario

MODIFICACIONES Y MEJORAS. El inquilino no podrá hacer alteraciones, decoraciones, añadiduras o mejoramientos en o para el establecimiento sin previo consentimiento por escrito y solamente hecho por contratistas o mecánicos aprobados por el propietario. Todo el trabajo será realizado en determinado tiempo y ocasionalmente en tal manera designado por el propietario. Todas las modificaciones, añadiduras o mejoras en el establecimiento hecho por cualquiera de las partes se convertirán de propiedad del propietario, y deberá permanecer y ser entregado con el establecimiento a la terminación de este contrato. Cualquier obligación mecánica presentada en contra del establecimiento o del edificio, o trabajo hecho reclamado al inquilino, deberá ser eximido por el inquilino dentro de los diez días sucesivos a los gastos del inquilino presentando una garantía como lo requiere la ley.

El Registro

Propósito   En la mayoría de los contratos se necesita establecer si está permitido el registro del mismo.

La Posición del Propietario   Los propietarios desean asegurarse de que el contrato no esté registrado en los registros públicos ya que podría ser una *sombra* en su título de propiedad.

La Posición del Inquilino   El inquilino generalmente no necesita registrar el contrato a menos que se trate de un largo período de renta comercial.

> REGISTRO. Este contrato no será registrado en ningún registro público.

NOTA: *En muchos lugares un documento no puede ser registrado a menos que esté notariado. Por tal motivo el propietario no debería permitir que su firma sea notariada.*

El Acceso

Propósito   Esta cláusula define los derechos que tiene el propietario para entrar a la propiedad mientras que está alquilada.

La Posición del Propietario   En algunos estados las leyes le otorgan el derecho de entrar a la unidad por cosas como inspección, reparación o para mostrarla a un futuro inquilino o comprador (esto se llama derecho de acceso). En otras áreas el propietario no tiene derecho a entrar a la vivienda a menos que se reserve el derecho en el contrato. Lo mejor para ambas partes es que se establezca en el contrato claramente, así se podrán evitar malos entendidos.

La Posición del Inquilino   El inquilino prefiere que el acceso sea únicamente en momentos razonables y que se le proporcione previa notificación.

Opción #1: Acceso Ilimitado

ACCESO. El propietario se reserva el derecho de entrar en la propiedad, con el propósito de inspeccionar, reparar o mostrarla a futuros inquilinos o compradores.

Opción #2: Accesso Únicamente con Notificación

ACCESO. El propietario se reserva el derecho de entrar a la propiedad, cuando ya ha dado una notificación razonable, con el propósito de inspeccionar, reparar o mostrarla a futuros inquilinos o compradores.

Opción #3: Accesso Únicamente en Horas Razonables

ACCESO. El propietario se reserva el derecho de entrar en la propiedad, en horas razonables, con el propósito de inspeccionar, reparar o mostrarla a futuros inquilinos o compradores.

**Opción #4:
Accesso Única-
mente en Horas
Razonables—Se
Permiten Anuncios**

ACCESO. El propietario se reserva el derecho de entrar en la propiedad, en horas razonables, con el propósito de inspeccionar, reparar, o mostrarla a futuros inquilinos o compradores. El propietario puede colocar anuncios como "SE VENDE" O "SE ALQUILA" en la vivienda.

**Opción #5:
Notificacion
Adicional (se
agrega a cual-
quiera de las
Opciones 1-4)**

Propietario le dará al inquilino una notificación de acceso, no menor de 24 horas excepto en el evento de una emergencia.

Acuerdo Completo

Propósito   Por el bienestar de las dos partes y a fin de evitar falsas acusaciones es conveniente tener un acuerdo detallado claramente por escrito.

Opción #1:
Cambio de
Contrato con
la Firma de
una Parte

ACUERDO COMPLETO. Este contrato constituye el acuerdo completo entre las partes y no puede ser modificado excepto por escrito.

Opción #2:
Cambio de
Contrato con
la Firma de
Ambas Partes

ACUERDO COMPLETO. Este contrato constituye el acuerdo completo entre las partes y no puede ser modificado excepto por escrito y firmado por ambas partes.

NOTA: *Frecuentemente es suficiente con que una parte firme cualquier modificación por escrito. Por ejemplo: si el propietario escribió una carta al inquilino diciéndole que está de acuerdo en que pinte la cocina, la carta probablemente no tendrá que tener la firma del inquilino.*

Las Cerraduras

Propósito   Esta cláusula impone la instalación de las cerraduras.

La Posición del Propietario   Para el propietario es importante tener una llave de la propiedad siempre; de ese modo él puede entrar en caso de emergencia y en el evento de que el inquilino desaparezca.

La Posición del Inquilino   El inquilino usualmente no puede negarse a entregarle una llave de la unidad al propietario, pero quizás le gustaría cambiar la cerradura en caso de que el último inquilino mantuviera un juego de llaves. Para una protección extra el inquilino debería insistir en obtener permiso para instalar una doble cerradura de seguridad si no estuviera provista en las puertas exteriores.

Opción #1: No Se Permite Ningún Cambio de Cerradura

> CERRADURAS. No se permite colocar ninguna cerradura sin el consentimiento por escrito del propietario. Si así fuera, el inquilino le debe suministrar una copia de cada cerradura que instale al propietario.

La mayoría de los propietarios prefieren usar la opción 1 porque no les gusta que los inquilinos hagan agujeros en las puertas o que alteren la propiedad. Sin embargo, una opción puede causar problemas de corte para el propietario por considerarse legalmente responsable en caso de que el inquilino(a) fuera violado por alguien que entró por la fuerza en la vivienda.

Opción #2: Se Permite Cambio de Cerradura— Entregar la Copia al Propietario

> CERRADURAS. Si el inquilino agrega o cambia la cerradura en la vivienda, el propietario deberá recibir las copias de las llaves. En todo momento el propietario deberá tener copia de las llaves para poder acceder en caso de emergencias.

La opción 2 puede ayudar a evitar responsabilidades. Usted puede obviar la referencia sobre las emergencias en la opción 2.

8 CLÁUSULAS DEL CONTRATO RESIDENCIAL

Este capítulo contiene varias disposiciones que se aplican en los contratos de residencia. Puesto que los arrendamientos residenciales son más estrictamente regulados que los comerciales, usted debe revisar cuidadosamente las leyes locales y estatales para asegurarse que cualquier contrato que utilice cumpla con los reglamentos.

Como en el Capítulo 7, y en la medida de las posibilidades, en este capítulo se relaciona la diferencia entre la posición del propietario con la del inquilino. (Sírvase ver la página 45.)

Término

Propósito Un contrato se puede preparar por el *término* de un año, o por términos renovables de un mes o una semana cada uno. Si hay un termino establecido, el documento se llama apropiadamente *contrato*; si no existe una duración definitiva entonces el documento se denomina *pacto de alquiler* (o renta). Como primera medida los términos deben ser claros, y deben incluir la fecha en que se inicia y la fecha en la que finalizará.

Opción #1:
Término Fijo

TÉRMINO. Este contrato será efectivo por el término de _____, comenzando el _____ y terminando _____.

Opción #2:
Mes a Mes

TÉRMINO. El término de este contrato comenzará el _____ y el alquiler continuará luego mes a mes hasta que se termine por acuerdo de cualquiera de las partes.

Opción #3:
Mes a Mes—
Terminación
Eviada por Correo
Certifcado

TÉRMINO. El término de este acuerdo comenzará el _____ y continuará luego como una renta pactada mes a mes hasta que se establezca la terminación por cualquiera de las partes. La notificación de la terminación deberá ser enviada por correo al menos _____ días antes de la fecha de finalización.

Opción #4:
Mes a Mes—30
Días de Aviso

TÉRMINO. Este pacto de alquiler se establece por la renta mes a mes el cual será cancelado por cualquiera de las partes otorgando un previo aviso a la otra parte de por lo menos 30 días antes de que termine el mes.

NOTA: *Algunos estados tienen leyes que especifican que si no se envía la notificación se asume que el contrato es renovado. Otros tienen leyes que dicen lo opuesto—se asume que el contrato termina a menos que las partes acuerden una renovación. Usted deberá ponerse en contacto con el propietario o inquilino mucho antes de la expiración para acordar si el contrato será renovado y si habrá algunos cambios.*

Renta

Propósito La suma de renta y la fecha de pago deben establecerse claramente y se deben incluir los gastos adicionales para evitar problemas. Los gastos por retraso u otros gastos deberán ser razonables; caso contrario la corte puede decidir anularlos. A continuación se detallan dos maneras de redactar la misma información. No hay ninguna otra diferencia entre las dos.

Opción #1

RENTA. La renta será de $_____ por _____ y se deberá pagar antes de o el _____ día de cada _____ sin reclamo. En caso de que la totalidad de la suma no fuera recibida en la fecha indicada, se deberá pagar una suma adicional de _____. Si hubiera un cheque devuelto por falta de fondos O si se tuviese que enviar una notificación de desalojo, el inquilino está de acuerdo en pagar $_____ por los gastos.

Opción #2

RENTA. La renta será de $ _____ por _____ y se deberá pagar antes o el _____sin reclamo. En caso de que no se reciba la suma completa del alquiler en la fecha indicada, se cobrarán los siguientes cargos:

Si el pago se retrasa más de ___ días $_____

Si un cheque es devuelto sin fondos $_____

Si se debe enviar una notificación legal $_____

NOTA: *Véase la página siguiente para una alternativa del párrafo para Renta en el caso de que quisiera ofrecer descuento por el pago adelantado.*

Descuento en la Renta

Propósito Una manera de asegurarse de poder cobrar la renta a tiempo y que el inquilino cumpla con el contrato es ofreciéndole un *descuento* del alquiler. Supóngase que usted necesita $450 por el alquiler de su propiedad. Si puede razonablemente decir que hay otras casas como ésta que se alquilan por $500, realmente dígale al futuro inquilino que es $500, pero que si le paga un día antes de la fecha y se ocupa del mantenimiento del predio le descontará $50.

NOTA: *Ante los ojos de un juez y un inquilino un descuento luce mejor que una penalidad. Sin embargo, un cargo por retraso en el pago se puede incluir juntamente con el descuento. Tenga cuidado de no hacerlo tan estricto para que no sea rechazado por la corte.*

Opción #1:
Descuento por
Pago
Adelantado

RENTA. La renta será de $_____ por _____ y se debe pagar el o antes del _____ día de cada _____ sin reclamo. En caso de que el pago fuera recibido por el propietario antes de la fecha y si el inquilino cumple con todos los otros términos de este acuerdo, habrá un descuento de $_____ que se deducirán de la suma debida.

Opción #2:
Descuento por
Pago
Adelantado
más Penalidad
por Pago
Retrasado

RENTA. La renta será de $_____ por _____ y deberá pagarse antes o el _____ día de cada _____sin reclamo. En caso de que el propietario recibiera el pago antes de la fecha indicada y el inquilino cumpla con todos los términos de este contrato habrá un descuento de $_____ a descontarse de la renta debida. En caso de que no se recibiera la suma completa de la renta dentro de los _____ días de la fecha de pago, se cobrará una suma adicional de $_____. Por cheques devueltos sin fondo o si el propietario debe enviar una notificación de desalojo, el inquilino deberá pagar $_____ adicionales por gastos.

Incumplimiento

Propósito Si el inquilino comete un *incumplimiento* del contrato de alguna manera, el propietario deseará obligar al inquilino para que obre rápidamente y remedie el incumplimiento o desocupe la propiedad.

La Posición del Propietario El propietario no debería estar de acuerdo con el envío de correspondencia por correo certificado para evitar demoras y la posibilidad de que el inquilino se niegue a aceptar la correspondencia. De todas maneras, aunque el inquilino no la aceptara, el propietario ha cumplido con la notificación. Normalmente el correo le ofrece dos oportunidades al destinatario (el que recibe) para que reclame la correspondencia, y puede demorar de diez días a dos semanas para que la carta retorne al remitente.

La Posición del Inquilino Dada la posibilidad de que el propietario pueda decir que la notificación fue enviada cuando no lo ha hecho, el inquilino debería solicitar que todas las notificaciones sean enviadas por correo certificado.

Opción #1: Cláusula Simple

INCUMPLIMIENTO. En caso de que el inquilino no cumpliera con alguno de los términos del contrato, el propietario puede recobrar la posesión de la propiedad como se prevé por ley y puede demandar dinero por indemnización.

Opción #2: Cláusula Otorgándole Opciones al Propietario en Caso de Incumplimiento del Inquilino

INCUMPLIMIENTO. En caso de que el inquilino no cumpla con el pago de la renta que debe o no cumpla con algún otro término establecido en este contrato, el propietario puede notificarle para que corrija la contravención o puede terminar el contrato como está previsto por la ley y retomar posesión de la unidad. El propietario puede solicitar indemnización por cualquier contravención de este contrato.

Opción #3:
Cláusula
Simple—
Soluciones
Iguales para
Ambas Partes

INCUMPLIMIENTO. En caso de que cualquiera de las partes cometiera un incumplimiento del contrato, la otra parte puede darle notificación para corregir tal contravención o puede terminar el contrato otorgándole quince días de notificación por correo certificado.

NOTA: *Cada ciudad o estado puede tener diferentes requisitos para la terminación de un contrato. Frecuentemente, existen reglamentaciones específicas para utilizar la notificación adecuada. Si no utiliza las palabras requeridas por el estado puede perder todos sus derechos. Es aconsejable que se familiarice con las normas que se usan en el área.*

Servicios Públicos (Servicios de Agua, Gas, Luz Eléctrica, etc.)

Propósito   El acuerdo deberá detallar claramente quién paga qué servicios de la unidad.

Opción #1:
Cláusula Simple

> SERVICIOS. El inquilino está de acuerdo en pagar los servicios que utilice en la propiedad excepto:_____.

En algunos casos el propietario deberá poner los servicios a su nombre si el inquilino no ha pagado dinero en concepto de depósito. Obviamente esto es un riesgo ya que el propietario puede quedarse con una gran cuenta. (Se sabe que los inquilinos dejan correr el agua descontroladamente, o dejan el aire acondicionado funcionando con las ventanas abiertas en cuanto tienen un desacuerdo con el propietario.) En muchas áreas los propietarios no pueden cortar el uso de los servicios públicos si el inquilino no paga la renta. Cuando estos servicios no están incluidos, el propietario no tendrá que pagar las cuentas del inquilino, ya que se deben pagar separadamente del alquiler. Las siguientes cláusulas pueden ayudarle pero es aconsejable que se informe sobre sus leyes locales.

Opción #2:
Cláusula con
Derecho a Cambiar
las Cuentas a
Nombre del
Propietario

> SERVICIOS. El inquilino está de acuerdo en pagar lo que utilice en la propiedad excepto:_____ En caso de que el inquilino no logre poner los servicios a su nombre, el propietario puede permitir que temporalmente las reciba a nombre de él o ella, hasta que, cuando pueda, el inquilino haga la transferencia. Si no cumpliera con pagarle al propietario la suma de los servicios recibidos, el propietario puede avisar a la compañía para que ya no vengan a su nombre. A partir de ese momento, el inquilino será responsable de recibir los servicios a su nombre.

NOTA: *Esta cláusula intenta revelar el tema de cortar los servicios afirmando que se le transfiere la responsabilidad al inquilino. Con todo, es posible que en el caso de un juicio el juez pueda determinar que el propietario los cortó al quitar su nombre de la cuenta, y por lo tanto ha violado la ley.*

Opción #3:
Cláusula que
No Requiere
que el
Propietario
Pague

SERVICIOS. El inquilino acepta pagar todos los cargos que sean por los servicios usados en la propiedad excepto_____. En caso de que el inquilino no pueda recibir los servicios a su nombre, el propietario puede permitir que temporalmente los reciba a nombre de él o ella, hasta que, cuando pueda, el inquilino haga la transferencia. El propietario enviará a la compañía de servicios, la suma que el inquilino haya pagado, pero no tendrá la responsabilidad financiera de usar sus propios fondos para pagar los servicios recibidos por el inquilino.

El problema con la proposición de la opción No.3 es que un tribunal aún puede interpretarlo como un corte de los servicios. Adicionalmente, el hecho de que el propietario no pague esas cuentas le puede ocasionar una referencia negativa de crédito. Una situación más creativa sería la de poner los servicios a nombre de una tercera persona que no aparezca en el contrato, tal como la esposa, niño(a) o hermanos del propietario. Para pagar las cuentas se puede realizar acuerdo por separado entre el inquilino y la tercera parte. De esta manera el propietario no estará legalmente envuelto en caso de que hubiera un corte de pago.

Por supuesto que un juez mal aconsejado puede decidir en contra del propietario, pero él o ella deberían ignorar la estructura legal de la operación. (De acuerdo con el mejor conocimiento del que escribe, este arreglo no ha sido probado en ninguna corte. Si algún lector de este libro lo utiliza exitosamente, por favor infórmele al autor, por medio de una carta dirigida a la editorial.)

Los propietarios que tienen los servicios a su nombre y se anticipan a futuros problemas con los inquilinos, deberían consultar con un abogado especializado que viva en la zona, para saber qué permiten cortes locales.

En algunos casos, las cuentas de los se prorratean entre el propietario y el inquilino o entre los inquilinos. En esos casos se deberá utilizar algo como lo siguiente:

Opción #4:
Cláusula donde el
Inquilino Paga un
Porcentaje de la
Cuenta

SERVICIOS. El inquilino está de acuerdo en pagar _____% de las cuentas por _____ recibidos en el predio, dentro de los cinco días de la fecha en que el propietario se los presente.

Mantenimiento

Propósito   El contrato deberá explicar claramente quién es el responsable del mantenimiento de qué cosa en la unidad.

La Posición *del Propietario*   En algunos casos, como en los edificios de apartamentos, normalmente el propietario es quien se ocupa del mantenimiento. En otros casos como la de una unidad familiar, el inquilino puede estar a cargo de todo el mantenimiento.

Cuando se hace responsable al inquilino del mantenimiento de la propiedad el propietario puede evitarse los dolores de cabeza que ocasionan: el control y la responsabilidad de un mantenimiento negligente. Puesto que las rentas pueden variar enormemente, usted puede decir que el alquiler normal es de una suma mayor pero que existe la posibilidad de un descuento si el inquilino se ocupa del mantenimiento.

Si el propietario es el responsable del mantenimiento, entonces él (ella) es responsable legal y financieramente si alguien sufre un accidente debido a la falta de mantenimiento. (Un propietario fue responsable por la suma de $750,000,000 por no haber arreglado un calentador por tres días; una mujer le derramó agua hervida a su nieto al tratar de bañarlo.) Por lo tanto, en muchos casos es ventajoso hacer que la responsabilidad del mantenimiento sea trabajo del inquilino.

Por otra parte, dado a que muchos inquilinos no tienen interés personal en la propiedad pueden descuidar el mantenimiento para ahorrar un poco de dinero. Un problema menor que sea ignorado puede escalar y ser muy costoso; un inquilino que descuida el cambio de una arandela que cuesta $.50 centavos y deja que el artefacto siga perdiendo, más tarde le puede ocasionar un daño al piso por valor de $1000.

La Posición *del Inquilino*   Es muy importante que el inquilino lea atentamente esta cláusula para asegurarse que ha entendido exactamente de lo que es responsable. Si fuera más responsable del mantenimiento que de la renta, entonces la renta debería ajustarse en la debida forma. Si el edificio es antiguo el inquilino debe saber que el mantenimiento es caro y que si se descuida, podría sufrir mayores daños resultando responsable de ello.

Las siguientes opciones le ofrecen variaciones en cuanto a quién maneja las diferentes sumas por mantenimiento.

Opción #1:
El Inquilino Se
Ocupa de Todo el
Mantenimiento
para Reducir la
Renta

MANTENIMIENTO. El inquilino ha revisado la propiedad y reconoce que se encuentra en buenas condiciones, y para que se le considere una reducción en el acuerdo de alquiler desea hacerse responsable y completar rápidamente todo el mantenimiento del inmueble.

Opción #2:
El Inquilino Se
Ocupa del
Mantenimiento o
Reintegra Dinero
al Propietario

MANTENIMIENTO. El inquilino ha revisado la propiedad y para que se le considere la renta acordada está de acuerdo en hacerse responsable y completar rápidamente todo el mantenimiento del inmueble. En caso de que el inquilino no cumpliera con el mantenimiento, el propietario, luego de darle una notificación, deberá realizar la tarea y el inquilino tendrá que pagar los costos actuales más $50 por los problemas ocasionados.

Opción #3:
El Inquilino Se
Ocupa de un
Mantenimiento
Mínimo—Hasta
Determinada Suma

MANTENIMIENTO. El inquilino ha revisado la propiedad y reconoce que está en buenas condiciones, entonces se compromete a mantener el inmueble en condiciones, incluyendo reparaciones por la suma de _____ por cada incidente. El propietario solamente será responsable por reparaciones mayores como el techo o reparación de artefactos mayores de $_____.

Opción #4:
El Propietario
Realiza la Mayor
Parte del
Mantenamiento

MANTENIMIENTO. El inquilino ha revisado la propiedad y reconoce que está en buenas condiciones y acepta informar al propietario tan pronto como le sea posible de cualquier problema de mantenimiento. El propietario está de acuerdo en mantener el inmueble limpio y en condiciones sanitarias aceptables. En caso de daños ocasionados por el inquilino o sus huéspedes ya sea en forma intencional o por negligencia, el inquilino deberá pagar por la reparación dentro de los diez días.

Opción #5:
El Propietario
Realiza Todo el
Mantenimiento

MANTENIMIENTO. El propietario está de acuerdo en mantener el predio respetando los códigos de salud y vivienda. El inquilino se compromete a comunicarle rápidamente cualquier problema relacionado con el mantenimiento. En caso de que el inquilino o algún huésped haya causado un daño, por negligencia o intencionalmente, el inquilino deberá pagar por la reparación dentro de los diez días.

NOTA: *En algunas regiones los propietarios deben proveer el mantenimiento y no pueden darle la obligación al inquilino. En algunas áreas los propietarios deben proveer el mantenimiento de los edificios de apartamentos, pero en el caso de casas de familia o departamentos de dos pisos (duplex) el inquilino puede hacerlo.*

En algunos casos el propietario le quisiera dar la responsabilidad del mantenimiento al inquilino y en compensación reducirle la renta. Puede resultar muy conveniente ya que el inquilino vive en la unidad y está allí diariamente, en cambio el propietario debe hacer un largo viaje para llegar a la locación.

El Uso de la Propiedad

Propósito Esta cláusula determina los parámetros para usar una propiedad alquilada.

La Posición del Propietario El propietario no desea que la propiedad se use para realizar ninguna actividad peligrosa o ilegal tal como: prostitución, narcotráfico o preparación de explosivos que podrían causar el incremento de las tarifas de seguros o lo que es peor, hacer responsable al propietario.

La Posición del Inquilino Dado que una gran cantidad de personas manejan sus negocios en su domicilio, un inquilino no desearía perder esa oportunidad. Si su negocio no perturba al vecino, esto no debiera presentar ningún problema al propietario. En muchas áreas el negocio en el domicilio viola las reglamentaciones urbanísticas del lugar o las leyes de subdivisión. Sin embargo, cuando se trata de tener una computadora y un teléfono sin que sea perjudicial para los vecinos, generalmente, no se puede ejecutar la ley y hacerlo puede ser inconstitucional. Las leyes están cambiando en muchas áreas para que se puedan permitir ese tipo de negocios.

Opción #1: Para Uso Residencial Exclusivamente

USO DE LA PROPIEDAD. El inquilino está de acuerdo en utilizar la unidad como vivienda, sin realizar ningún propósito ilegal o propósito que pueda aumentar el costo del seguro. El inquilino también está de acuerdo en no violar ninguna reglamentación urbanística o restricciones de subdivisión, o participar en ninguna actividad que podría ocasionar daños al predio, constituir un daño al vecindario o al propietario.

Opción #2: Dejando Abierta la Opción Comercial

USO DE LA PROPIEDAD. El inquilino está de acuerdo en no usar la propiedad para ningún propósito ilegal que pudiera incrementar la tarifa del seguro, como asimismo no violar ninguna ley de reglamentación urbanística o subdivisión de restricciones. El inquilino también acuerda en que no se involucrará en ninguna actividad que pudiera perjudicar al predio o constituir un daño a los vecinos o al propietario.

El Traspaso

Propósito Esta cláusula explica si se permite el traspaso o subarriendo. Un *traspaso* es cuando un inquilino traspasa todos sus intereses establecidos en el contrato a una nueva parte. La nueva parte interesada toma el lugar del inquilino y paga la renta directamente al propietario. Un *subarriendo* significa que el inquilino actúa como un propietario y re-alquila la propiedad a un nuevo inquilino. El nuevo inquilino paga la renta al inquilino original quien se ocupa de enviársela al propietario. En algunos casos el inquilino le puede cobrar una suma mayor de la establecida en el contrato original y quedarse con la diferencia.

La Posición del Propietario El propietario no desea que el inquilino traspase el contrato a otra parte a menos que el propietario pueda aprobar el crédito y la entereza del nuevo inquilino.

Las largas reglamentaciones vigentes han establecido que un propietario podía rechazar a aceptar un traspaso con buena razón o sin ninguna razón. Sin embargo, la nueva forma de verlo, la cual ha sido aceptada por más y más estados últimamente, es que el propietario puede rechazar al nuevo inquilino por una buena razón, tal como mala reputación de crédito.

Si no hubiera una cláusula en el contrato que gobierne los traspasos o subarriendos, la ley estatal tiene el poder de determinar el derecho. En algunos estados el inquilino tiene el derecho de traspasar el contrato, a menos que en el contrato diga lo contrario. En otros estados el inquilino no tiene derecho a efectuar un traspaso de contrato a menos que ese derecho esté incluido en el contrato. Si usted piensa que la otra parte le objetará la cláusula, y la ley estatal está de su parte, usted probablemente evite mencionar el tema.

La Posición del Inquilino Si el inquilino piensa que posiblemente tenga que desocupar la unidad antes de la fecha establecida, ya sea por compra de una casa o cambio de trabajo, entonces el derecho de traspaso de contrato o subarriendo sería muy importante. Si la posibilidad es conocida en el comienzo del arrendamiento el inquilino puede hablarlo con el propietario y tratar de negociar un derecho de traspaso.

Opción #1: No Se Permite Traspaso	TRASPASO. El inquilino no puede hacer traspaso de contrato o subarriendo de ninguna parte de la unidad sin el consentimiento escrito del propietario, el cual será efectuado a discreción del propietario.

Opción #2: No Rechazo Irrazonable de Traspaso— Consentimiento del Propietario	TRASPASO. El inquilino no traspasará su contrato o subarrendará ninguna parte de la unidad sin el consentimiento escrito del propietario, el cual no será negado irrazonablemente.

Opción #3: Traspaso Permitido	TRASPASO. El inquilino se reserva el derecho de traspasar sus intereses en este contrato o de arrendar la unidad.

Opción #4: Traspaso Permitido—El Inquilino Queda Liberado de Responsabilidad	TRASPASO. El inquilino se reserva el derecho de traspasar sus intereses en este contrato o de subarrendar la unidad. En caso de traspaso de los intereses del inquilino, él o ella queda liberado(a) de responsabilidad bajo este contrato y el propietario deberá recibir el pago directamente del beneficiario.

Traspaso de Contrato

Si se traspasa un contrato de un inquilino a otro, se necesitará usar un formulario de **TRASPASO DE CONTRATO DE ALQUILER**. El propietario debería formar parte de este traspaso para proteger al inquilino de la responsabilidad o el desalojo. El propietario puede aceptar con o sin liberación de la obligación del contrato.

Se incluye un formulario de **TRASPASO DE CONTRATO DE ALQUILER** en el Apéndice B, el cual le permite al propietario escoger cualquier opción. (Véase formulario 12, página 225.)

El Condominio

Propósito Esta cláusula establece las normas que se deben seguir en una asociación de condominios. El contrato debe indicar quién es responsable por los gastos de mantenimiento y quién pagará los gastos de la aprobación de contrato, si los hubiera.

La Posición del Propietario Si la propiedad es un condominio, el propietario debe asegurarse que el inquilino no haya violado ninguna de las reglas o requerimientos del condominio, caso contrario, el propietario debe pagar una indemnización a la asociación.

La Posición del Inquilino Una persona que considera alquilar una unidad en un condominio debe obtener y leer la copia de la "declaración de condominio" y cualesquier otras regulaciones, antes de firmar el contrato. Esta información se encuentra disponible en la asociación de condominio o el propietario puede proporcionarle una copia. Caso contrario, se puede obtener información de la oficina de registros públicos del condado donde se encuentra ubicada la propiedad.

> **NOTA:** *Algunos condominios tienen reglamentaciones muy estrictas, tales como prohibir que los camiones y vehículos de recreación estacionen en la propiedad, prohíben la tenencia de animales domésticos mayores que cierto tamaño o requieren que las cortinas sean de cierto color. Si usted conduce una camioneta de transportar, en lugar de automóvil probablemente necesita alquilar en otro lugar.*

Si un inquilino estuvo de acuerdo en pagar los gastos de mantenimientos como parte del contrato, debe asegurarse que el contrato no le haga responsable por las *contribuciones de gastos comunes*. Estas contribuciones pueden incluir un cargo efectuado una sola vez por el reemplazo del techo o pintura del edificio.

Opción #1:
El Inquilino Paga
los Gastos de
Aprobación

CONDOMINIO. En caso de que el establecimiento esté compuesto de unidades o apartamentos, el inquilino está de acuerdo en respetar todas las normas y regulaciones. Los gastos de mantenimiento y recreación son pagados por _____.
El contrato está sujeto a la aprobación de la asociación de condominio y el inquilino está de acuerdo en pagar cualquier gasto que sea necesario para tal aprobación.

Opción #2:
El Propietario Paga
los Gastos de
Aprobación

CONDOMINIO. En caso de que el establecimiento esté compuesto de unidades o apartamentos, el inquilino está de acuerdo en respetar todas las normas y regulaciones. Los gastos de mantenimiento y recreación son pagados por _____. Este contrato está sujeto a la aprobación de la asociación de condominio y el propietario está de acuerdo en pagar cualquier gasto que sea necesario para su aprobación.

El Césped

Propósito   Esta cláusula podría claramente establecer quién es responsable por el mantenimiento del césped.

La Posición *del Propietario*   En edificios de apartamentos o edificios donde el propietario reside, normalmente es él quien cuida el césped y mantiene el jardín. Pero cuando el inquilino alquila una residencia familiar (casa) él es responsable del mantenimiento. Ya sea porque es demasiado trabajo, o porque el agua es muy costosa, los inquilinos generalmente ignoran el mantenimiento del jardín, lo cual puede incrementar los gastos cuando se necesite recubrir con césped. Para evitar esa posibilidad, cuando el inquilino tenga esa responsabilidad de mantener el césped, deberá ser aclarado en el contrato.

La Posición *del Inquilino*   El inquilino no querrá ser responsable de ningún daño que él no haya ocasionado, tal como sequía.

Opción #1:   CÉSPED. El inquilino será responsable por el mantenimiento del césped y los arbustos del predio. Asimismo, se ocupará de pagar los costos y cualquier daño que cause por negligencia o abuso.

Opción #2:   (se agrega a la cláusula anterior): El inquilino no será responsable por ningún daño ocasionado fuera de su control tal como enfermedad o sequía.

La Responsabilidad

Propósito Esta cláusula resume las responsabilidades que abarca cada parte por las cosas como indemnización, perdida, daños y robo.

La Posición del Propietario En muchas áreas el propietario no puede evitar la responsabilidad por su propia *negligencia* teniendo una cláusula en el contrato. Sin embargo, el propietario no debería ser responsable por daños, que no hayan sido causados por sus acciones, al inquilino o sus huéspedes.

En muchos estados hay leyes que cubren las responsabilidades del propietario, así que es posible que las siguientes opciones no se mantengan en todos los estados. (La opción 2 podrá ser mejor, ya que no limita la responsabilidad del propietario por sus propios actos—solamente por los actos ajenos. Esta situación puede ayudar en el caso en que un inquilino fuera responsable por el mantenimiento y un huésped se haya lastimado debido a la negligencia del inquilino.)

Algunos estados tienen leyes que establecen que cualquier cláusula que limita la responsabilidad del propietario en un contrato, debe ser anulada. Sin embargo, si en lugar de limitar la responsabilidad el contrato incluye una cláusula diciendo que el inquilino se hizo responsable por el mantenimiento del predio, ésta puede tener el mismo efecto limitando la responsabilidad del propietario. Esto es así porque la responsabilidad del incumplimiento de mantenimiento de la propiedad recae sobre la parte que es responsable del mantenimiento del mismo. Si el propietario no tiene la responsabilidad del mantenimiento, entonces no se debería considerarle responsable si alguien se ha lastimado debido a la falta de mantenimiento apropiado. Desdichadamente, algunas veces las cortes ignoran estas reglas.

La Posición del Inquilino El inquilino preferiría mantener al propietario fuera de la responsabilidad porque significaría que si fueran a juicio el inquilino podría ser considerado responsable al defender al propietario. En todo caso, un inquilino debería tener su propio seguro de responsabilidad en caso de que un huésped sufriera un accidente.

**Opción #1:
El Propietario
No Es
Responsable—
El Inquilino
Tiene Seguro**

RESPONSABILIDAD. El inquilino está de acuerdo en considerar que el propietario no tiene la responsabilidad de cualquier o todos los reclamos por accidentes que ocurran en el inmueble, y se considera único responsable de asegurar sus pertenencias ubicadas en el mismo.

**Opción #2:
El Propietario
Considerado
Responsable
Solo por sus
Actos—
Inquilino con
Seguro**

RESPONSABILIDAD. El propietario no será responsable por ninguna perdida ocasionada en la unidad que no haya sido causada por él. El inquilino está de acuerdo en ser responsable de asegurar sus pertenencias si lo deseara.

Animales Domésticos

Propósito   Esta cláusula gobierna lo relacionado con animales domésticos, si se permiten, cuáles se permiten y si se requiere un depósito extra por ellos.

La Posición del Propietario   Las nuevas leyes federales prohíben la discriminación en contra de las personas que tienen niños, pero todavía los propietarios pueden discriminar en contra de los animales domésticos. Son la excepción los perros y otros animales que ayudan a personas incapacitadas. Bajo la enmienda de la Ley de los Derechos Civiles, un propietario puede ser enjuiciado por rechazar alquilarle a una persona que necesita un animal.

Puesto que los animales pueden ocasionar grandes daños a la propiedad y dejar olores por un largo tiempo, a menudo, los propietarios quieren prohibirles o les requieren depósitos adicionales. En algunos casos, los propietarios pueden cobrar sumas adicionales por el alquiler o considerar no reembolsable un depósito que fuera hecho por el animal, para cubrir el uso indebido o roturas causadas por el animal.

La Posición del Inquilino   Algunos inquilinos desearían beneficiarse con la opción de tener un animal. En algunos vecindarios un animal puede ser útil para seguridad. Los propietarios que no han tenido malas experiencias con los animales de los inquilinos pueden estar de acuerdo con la opción 4. La opción 5 es un poco agresiva.

Opción #1: Especificando Animales y Depósito—El Propietario Puede Revocar

> ANIMALES DOMÉSTICOS. No se permiten animales domésticos en la unidad excepto _____ y habrá un depósito no reembolsable de $_____ por el animal. El propietario se reserva el derecho de revocar el consentimiento si el animal es perjudicial.

Opción #1A: Protección del Inquilino

> En caso de que el propietario revoque el consentimiento, el inquilino puede terminar el contrato.

Es muy posible que un inquilino no quiera dar a un animal doméstico que le considera como un miembro de la familia, el inquilino probablemente desee agregar la opción 1.

Opción #2:
No se Permiten
Animales
Domésticos sin el
Consentimientode
l Propietario y un
Nuevo Acuerdo

ANIMALES DOMÉSTICOS. No se permitirá ningún animal en el establecimiento sin el consentimiento por escrito del propietario. El propietario puede cobrar un alquiler adicional y un depósito de seguridad adicional si hay animales. El inquilino será responsable por todos los daños que ocasione ese animal. El propietario se reserva el derecho de revocar el consentimiento si se determina que el animal causó perjuicios.

Opción #3:
Determinado
Animal y el
Depósito

ANIMALES DOMÉSTICOS. No se permitirán animales en el establecimiento excepto: _____ y se cobrará una suma no reembolsable de $_____ como depósito por el animal.

Opción #4:
Se Permiten
Cualquiera de
Dos Animales

ANIMALES DOMÉSTICOS. El inquilino no tendrá más que dos animales en el inmueble.

Opción #5:
Solamente Dos
Animales—
Contando las
Crías

ANIMALES DOMÉSTICOS. El inquilino no podrá tener más de dos animales en el establecimiento a menos que ellos tengan cría en cuyo caso los pequeños deberán ser vendidos en un tiempo razonable luego de indepedizarse.

La Ocupación

Propósito En general esta cláusula establece cuántas personas vivirán en la unidad.

La Posición del Propietario El propietario no desea que otras personas vivan en la unidad porque esto puede violar regulaciones urbanísticas o reglamentaciones de condominio, o puede ocasionar una excesiva carga en el sistema de alcantarillado o de servicios públicos. El sistema de plomería con el sistema séptico puede estar sobrecargado por uso excesivo.

Los nuevos inquilinos pueden sorprenderse al escuchar experiencias tales como que un pequeño apartamento ha sido ocupado por múltiples familias, pero no es un suceso inusual. Para algunos el inconveniente se compensa con los ahorros.

Tenga presente la ley federal que prohíbe la discriminación en contra de niños. La opción 1 pudiera ser útil, por ejemplo, para permitir a dos adultos y dos niños. Pero si usted desea solamente dos personas en la unidad, no diga "2 adultos y 0 niños; es aconsejable utilizar la opción 2 y decir "2 personas".

NOTA: *Si usted está alquilando un apartamento con dos dormitorios y dice que solamente dos personas lo pueden alquilar, probablemente sea acusado de discriminación en contra de los niños. Tenga cuidado.*

La Posición del Inquilino Los inquilinos quienes consideran la posibilidad de tener niños deberían fijarse en la advertencia arriba mencionada, cuando reciban esa cláusula. En la mayoría de los casos, pero no en todos, las leyes federales pueden establecer que sea imposible un desalojo en caso de que haya un niño en la vivienda. Si en un establecimiento hay apartamentos "estudio" que se limitan a alquilarse a dos personas, y algunos se alquilan a padres (madres) solteros con un niño(a), se le puede permitir al propietario prohibir el alquiler de esa unidad a una pareja con un niño.

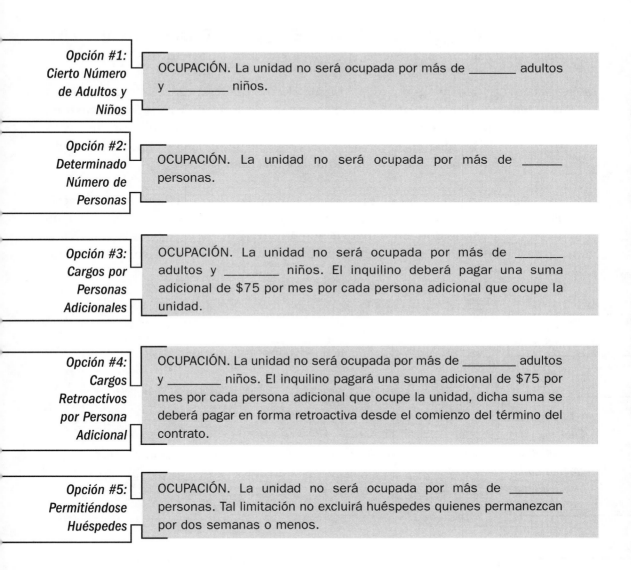

**Opción #1:
Cierto Número
de Adultos y
Niños**

OCUPACIÓN. La unidad no será ocupada por más de _____ adultos y _____ niños.

**Opción #2:
Determinado
Número de
Personas**

OCUPACIÓN. La unidad no será ocupada por más de _____ personas.

**Opción #3:
Cargos por
Personas
Adicionales**

OCUPACIÓN. La unidad no será ocupada por más de _____ adultos y _____ niños. El inquilino deberá pagar una suma adicional de $75 por mes por cada persona adicional que ocupe la unidad.

**Opción #4:
Cargos
Retroactivos
por Persona
Adicional**

OCUPACIÓN. La unidad no será ocupada por más de _____ adultos y _____ niños. El inquilino pagará una suma adicional de $75 por mes por cada persona adicional que ocupe la unidad, dicha suma se deberá pagar en forma retroactiva desde el comienzo del término del contrato.

**Opción #5:
Permitiéndose
Huéspedes**

OCUPACIÓN. La unidad no será ocupada por más de _____ personas. Tal limitación no excluirá huéspedes quienes permanezcan por dos semanas o menos.

Artefactos para el Hogar del Inquilino

Propósito   Esta cláusula gobierna el uso de los artefactos domésticos.

La Posición del Propietario   En algunos edificios, el sistema eléctrico no está capacitado para proveer corriente eléctrica para artefactos grandes, y el uso de ellos puede causar un incendio. Adicionalmente, en los lugares donde el propietario incluye la electricidad en la renta, no es conveniente, desde el punto de vista del propietario que el inquilino utilice una cantidad excesiva.

La Posición del Inquilino   El inquilino no desea causar un incendio pero quiere utilizar artefactos razonables para el hogar. En caso de que el inquilino planee utilizar un artefacto doméstico, por ejemplo una secadora de ropa, se deberá revisar la instalación eléctrica de la propiedad antes de firmar el contrato, y debe establecerse un acuerdo con el propietario.

Opción #1: Cláusula Simple

ARTEFACTOS PARA EL HOGAR DEL INQUILINO. El inquilino está dispuesto a no utilizar calentadores, accesorios o artefactos que gasten excesiva corriente, sin el consentimiento por escrito del propietario.

Opción #2: Cláusula que Permite un Incremento en la Renta

ARTEFACTOS PARA EL HOGAR DEL INQUILINO. El inquilino está dispuesto a no utilizar calentadores, accesorios o artefactos que gasten excesiva corriente, sin el consentimiento por escrito del propietario. En caso de que los artefactos eléctricos del inquilino causen mayor demanda de electricidad que la que se ha utilizado de acuerdo al promedio mensual del año pasado, el inquilino deberá rembolsar al propietario el exceso de consumo.

Opción #3: Permiso para Ciertos Artefactos

ARTEFACTOS PARA EL HOGAR DEL INQUILINO. El inquilino está dispuesto a no utilizar calentadores, accesorios o artefactos que gasten excesiva corriente, sin el consentimiento por escrito del propietario. El propietario consiente que el inquilino utilice _____ en la unidad.

El Estacionamiento/Aparcamiento

Propósito Esta cláusula designa áreas de estacionamiento y pueden incluirse en una referencia a otros vehículos tales como botes o casas-remolque.

La Posición del Propietario El propietario no desea que el inquilino estacione un vehículo enfrente del inmueble. Entonces se da cuenta que necesita incluir una cláusula importante en el contrato cuando el inquilino decide que su nuevo automóvil está más protegido en la mitad del terreno (al frente del inmueble) que en la calle.

La Posición del Inquilino En algunas grandes ciudades virtualmente no existe lugar para estacionar en la calle, a ciertas horas del día. Los inquilinos deben investigar esto antes de firmar el contrato, especialmente si existe la posibilidad de tener un espacio donde estacionar, incluido en el contrato.

Opción #1: Estacionamiento en Ciertas Áreas

ESTACIONAMIENTO. El inquilino está de acuerdo en que no se permite estacionar en el establecimiento excepto _____ _____.

Opción #2: Estacionamiento en Ciertas Áreas pero No como un Depósito

ESTACIONAMIENTO. El inquilino está de acuerdo en que no se permite estacionar en el establecimiento excepto _____ _____. No se permitirá utilizar el estacionamiento en el establecimiento como depósito para vehículos de remolque para acampar, casa-remolque, botes, vehículos de recreación o vehículos inoperables, a menos que el propietario lo consienta por escrito.

NOTA: *Algunas veces la mera prohibición de algo no es tan exitosa como imponer una penalidad por violación.*

Opción #3:
Penalidad por
Depósito

ESTACIONAMIENTO. El inquilino está de acuerdo en que no se permite estacionar en el establecimiento excepto _____.
No se permitirá utilizar el estacionamiento en el establecimiento como depósito para vehículos de remolque para acampar, casa-remolque, botes, vehículos de recreación; o vehículos inoperables, a menos que el propietario lo consienta por escrito. Si se utiliza como un depósito sin el consentimiento del propietario estará sujeto a $30 por día de cargos por el uso como depósito.

Gravámenes

Propósito   El propietario desea asegurarse que el inquilino no haga nada que cause un gravamen atribuido a la propiedad. Por ejemplo: si un inquilino contrata a alguien para hacer reparaciones en la unidad, si no se le pagara al mecánico o al contratista, estos podrían cargar un gravamen a la propiedad.

> GRAVÁMENES. La propiedad del propietario no estará sujeta a ningún gravamen por mejoras contratadas por el inquilino.

NOTA: *Esta cláusula puede no ser ejecutable en todos los estados, usted puede revisar las leyes locales. De todos modos, no causará ningún daño si la utiliza porque aunque no fuera legalmente ejecutable puede convencer a alguien que no sepa de leyes.*

Las Camas de Agua

Propósito   Esta cláusula determina si se requiere el consentimiento del propietario para adquirir un seguro extra por el uso de camas de agua.

La Posición del Propietario   El propietario no desea que se le dañe su propiedad por el uso negligente de una cama de agua. Debido al éxito de la industria cabildera de las camas de agua, se ha hecho ilegal prohibirlas en la mayoría de las áreas. La mayoría de los edificios no tienen problemas en soportar el peso de las camas de agua (y podrían violar los códigos del edificio si no fueran capaces de hacerlo) pero el mayor riesgo es el daño que pueden ocasionar si hay perdida de agua. Por lo tanto los propietarios en muchas áreas pueden requerir que los inquilinos con camas de agua tengan seguro para cubrir la responsabilidad. Esto es especialmente muy importante en una unidad ubicada en un piso alto donde el agua puede dañar las unidades de abajo.

La suma de seguro requerida depende del riesgo. En algunos edificios lo que más se puede estropear es lo que cubre el piso—pero en otras—tales como edificios altos de apartamentos, una perdida de agua puede resultar en un daño que afecte una gran cantidad de apartamentos.

El futuro inquilino puede cambiar su decisión de alquilar en un lugar donde se requiere seguro, dado a los inconvenientes y gastos que ocasiona obtener un seguro. Además algunos inquilinos sienten que una cláusula en un contrato prohibiendo las camas de agua puede servir como un factor disuasivo para el inquilino, quien no conoce la ley.

La Posición del Inquilino   Si el inquilino planea usar una cama de agua debería asegurarse que el contrato y el estado lo permitan (Una cláusula en el contrato prohibiéndole el uso puede anularlo, si las leyes estatales lo determinan.) Es aconsejable que un inquilino obtenga seguro por el riesgo del daño al edificio y a otras pertenencias.

Opción #1:
No se
Requiere
Permiso

CAMAS DE AGUA. En caso de que el inquilino use una cama con dispositivo de flotación en el edificio el inquilino mantendrá una póliza de seguro de al menos $_____ como mínimo, para cubrir cualquier daño ocasionado por ésta y deberá proveerle al propietario con el nombre de la compañía y el número de póliza.

Opción #2:
El Permiso del
Propietario
Requerido por
Escrito

CAMAS DE AGUA. El inquilino no utilizará ninguna cama con dispositivo de flotación en la unidad. El inquilino mantendrá una póliza de seguro no menor de $_____ para cubrir cualquier daño que ocasione tal dispositivo. Asimismo, proporcionará el nombre y el número de póliza de la compañía de seguros.

Permanencia Extendida del Inquilino

Propósito   Esta cláusula gobierna la situación en que el inquilino sobrepasa los términos de estadía del contrato.

La Posición del Propietario   El propietario desea asegurarse de dos cosas: que el inquilino desocupe la unidad a tiempo y que se aplique el término del contrato si no lo hiciera. En muchas áreas este tema se cubre por ley, pero siempre es mejor dejarlo aclarado en el contrato. Es común que en el caso de una *permanencia extendida* (todo aquel que no se vaya a tiempo) el inquilino deba pagar doble renta ya que puede ocasionar otros problemas al propietario si la unidad ya ha sido alquilada o vendida.

La Posición del Inquilino   El inquilino preferiría evitar el doble alquiler (opción 3).

Opción #1:
Doble Renta Mensual

PERMANENCIA EXTENDIDA DEL INQUILINO. Si el inquilino no cumple con entregar la posesión de la unidad al propietario en el momento que expira el contrato, el arriendo seguirá siendo regido por este contrato sobre la base mes a mes. Si tal permanencia se realice sin el consentimiento del propietario, el inquilino será responsable por una doble renta mensual por cada mes o fracción de éste.

Opción #2:
Doble Renta Diaria

PERMANENCIA EXTENDIDA DEL INQUILINO. Si el inquilino no cumple con entregar la posesión de la unidad al propietario en el momento que expira el contrato, el arriendo seguirá siendo regido por este contrato sobre la base mes a mes. Si tal permanencia se realice sin el consentimiento del propietario, el inquilino será responsable por una doble renta que se deberá pagar por cada día de permanencia del inquilino. Tal renta diaria será calculada usando 1/15 del último mes de renta.

Opción #3:
Renta Mensual
Regular

PERMANENCIA EXTENDIDA DEL INQUILINO. Si el inquilino no cumple con entregar la posesión de la unidad al propietario en el momento que expira el contrato, el arriendo seguirá siendo regido por este contrato sobre la base mes a mes.

Daños a la Propiedad

Propósito   Esta cláusula define los derechos de las partes en caso de destrucción del establecimiento.

La Posición del Propietario   Algunas veces el propietario puede desear terminar el contrato si los gastos o las reparaciones son demasiado costosos. La ley estatal debe controlar los derechos de las partes en tal situación.

La Posición del Inquilino   Si la propiedad ha sido destruida o dañada, probablemente el inquilino no querrá vivir allí, especialmente si ha tenido que buscar residencia temporaria, en otra parte, por muchas semanas o meses. Por lo tanto, el inquilino aceptaría la opción de terminar el contrato.

Opción #1: El Propietario Puede Terminar el Contrato

> DAÑOS A LA PROPIEDAD. En caso de que el establecimiento sufra algún daño, se destruya por incendio u otro accidente o se declara inhabitable por una autoridad del gobierno, el propietario puede terminar su contrato o puede reparar la unidad.

Opción #2: Daños Parciales— el Arriendo Continúa—El Propietario No Es Responsable

> DAÑOS A LA PROPIEDAD. En caso de que la unidad haya quedado inhabitable por un incendio u otro accidente, o sea declarada inhabitable por una autoridad del gobierno, el propietario puede terminar este contrato o reparar el edificio para que vuelva a su condición original. En caso de que el establecimiento haya sido parcialmente dañado este contrato continuará en completa vigencia y efecto y los daños serán reparados a costa del propietario. El propietario no tiene la obligación de compensar al inquilino por ningún inconveniente o molestia causada por tal daño o reparación.

Opción #3: Cualquiera de las Partes Puede Terminar

> DAÑOS A LA PROPIEDAD. En caso de que el establecimiento sufra algún daño, se destruya por incendio u otro accidente o se declare inhabitable por una autoridad del gobierno, el propietario o el inquilino pueden terminar este contrato.

Los Muebles

Propósito   Si cualquier mueble u otro artículo específico fuera parte de la propiedad a alquilarse, esta cláusula es la apropiada.

La Posición del Propietario   Si la propiedad estuviera amueblada el propietario querrá mantener control de los muebles y asegurarse que se entreguen en buenas condiciones.

La Posición del Inquilino   También es por el mejor interés del inquilino controlar los artículos al principio y al final del arriendo para asegurarse que no le cobren por algún artículo que ya no estuviera o que ya haya estado dañado antes que él o ella llegara a la unidad.

> MUEBLES. El inquilino reconoce que ha recibido los artículos listados en el Cuadro A adjunto y está de acuerdo en retornarlos en buenas condiciones al finalizar el contrato.

NOTA: *Se incluye el **CUADRO A** para registrar los artículos con los formularios de este libro. (Véase el formulario 10 en la página 221.)*

Control de Pestes

Propósito   En esta cláusula se deja establecido quién será responsable del control de pestes, exterminación, etcétera.

La Posición del Propietario   En la mayoría de los casos el propietario quiere ser responsable por los servicios del exterminado. Las leyes de un edificio de apartamentos pueden requerir que el propietario mantenga la unidad libre de pestes, pero en una casa de familia o edificios de apartamentos pequeños el propietario puede permitirse transferir la responsabilidad al inquilino. La lógica por la diferencia es que en una casa de familia el inquilino tiene el control completo sobre la unidad y tiene la posibilidad de mantenerla libre de pestes, pero en un edifico de apartamentos el inquilino no tiene control sobre los vecinos, que debido a su estilo de vida pueden hacer propicia la propagación de pestes.

No es una buena idea hacer que el inquilino sea responsable por el tratamiento de pestes como termitas puesto que el inquilino dejará la unidad pocos meses más tarde y no le preocupará que la propiedad sea devorada lentamente. Lo mejor que un inquilino puede esperar es que le digan que hay termitas y que no se requiera hospedar al inquilino(s) en un motel mientras la unidad está en tratamiento.

En algunas áreas puede requerirse que un propietario coloque al inquilino en un motel mientras que desinfectan la unidad pero en otras solamente se requiere que la renta sea suspendida.

La Posición del Inquilino   En una casa de familia es razonable que el inquilino sea responsable del tratamiento a menos que la propiedad esté ya infestada. En un edificio con más de una unidad, el inquilino puede tener la esperanza de luchar con las pestes de las unidades vecinas que están infestadas. Si un inquilino tuviera que dejar la propiedad desocupada mientras están tratando de desinfectar el lugar, él (ella) debería consultar las leyes estatales para ver si el propietario debe pagar la estadía temporaria en otro lugar.

Opción #1:
El Inquilino
Notifica que Hay
Termitas—El
Inquilino Es
Responsable por
su Estancia en
Otro Lugar

CONTROL DE PESTES. El inquilino está de acuerdo de responsabilizarse por los servicios de control de pestes y exterminación en el predio, y a su vez mantenerlo limpio y sanitariamente habitable para evitar tales problemas. El inquilino deberá notificar al propietario inmediatamente de cualquier evidencia de termitas. El propietario no será responsable de proveer alojamiento al inquilino en caso de que la unidad debiera desocuparse para efectuar el tratamiento de control de las termitas o cualquier otra peste.

Opción #2:
Responsabilidad
del Inquilino

CONTROL DE PESTES. El inquilino está de acuerdo de responsabilizarse por los servicios de control de pestes y exterminación en el predio, y a su vez mantenerlo limpio y sanitariamente habitable para evitar tales problemas.

Opción #3:
Responsabilidad
del Propietario

CONTROL DE PESTES. El inquilino deberá mantener la unidad limpia y en condiciones sanitarias y deberá notificar al propietario en caso de infestación. El propietario se ocupará del tratamiento de desinfección.

9 CLÁUSULAS DEL CONTRATO COMERCIAL

Este capítulo contiene varias disposiciones que se aplican a un contrato comercial. Adicionalmente, usted debería revisar las que se encuentran en los Capítulos 8 y 10 para ver si alguna de ellas puede adaptarse a su situación.

Como en el Capítulo 7 (Véase la página 45), hay varias opciones para las cláusulas en los contratos.

El Establecimiento o Inmueble

Propósito   El contrato debe describir claramente las áreas que serán ocupadas por el inquilino.

La Posición del Propietario   A fin de evitar problemas, el propietario deberá cobrar una suma fija por el alquiler de la unidad y detallar aproximadamente las medidas del lugar.

La Posición del Inquilino   La tarifa de arriendo en muchos contratos comerciales está basada en una tarifa fija por pie cuadrado del espacio rentado. Algunas de las configuraciones que utilizan los propietarios están equivocadas y el inquilino termina pagando más de lo requerido. Ocasionalmente, los inquilinos confrontan al propietario con el error y le demandan una rebaja del sobreprecio. (Seis pulgadas a lo largo en una pared de cincuenta pies es veinticinco pie cuadrados y a $10 el pie cuadrado sería $250. Hay compañías que miden exactamente la unidad del inquilino, pero con la condición quedarse con un porcentaje del dinero que se ahorra de la renta.)

Opción #1: Cláusula Simple

ESTABLECIMIENTO. El establecimiento contratado por el inquilino consiste de un _____ de aproximadamente _____ pies cuadrados ubicados en _____ juntamente con los usos comunes de los otros inquilinos de todo el estacionamiento, caminos, aceras y otras áreas públicas.

Opción #2:
Inclusión del
Sistema de
Servicios

ESTABLECIMIENTO. El establecimiento contratado por el inquilino consiste de un _____ de aproximadamente _____ pies cuadrados ubicados en _____ incluyendo toda la instalación de plomería, eléctrica, de cloacas, calefacción, aire acondicionado y otros servicios accesorios, líneas, equipos, cañerías y estructuras conjuntamente con los usos comunes de los otros inquilinos de todo el estacionamiento, caminos, aceras y otras áreas públicas.

Opción #3:
Medido desde
las Paredes
Exteriores

ESTABLECIMIENTO. El establecimiento contratado por el inquilino consiste de un _____ de aproximadamente _____ pies cuadrados ubicado en _____ como se midió desde la superficie exterior de las paredes de afuera, y las líneas del centro de las paredes divisorias, incluyendo toda la plomería, la instalación eléctrica, cloaca, la calefacción, aire acondicionado y otros accesorios, líneas, equipos, cañerías, cables y postes de allí, junto con el uso común de los otros inquilinos del estacionamiento, caminos, pasillos y otras áreas públicas.

Términos

Propósito El período de ocupación deberá ser claro.

La Posición del Propietario El propietario generalmente desea tener un inquilino por mucho tiempo, pero también es importante para el propietario que la renta se mantenga al nivel de los impuestos, gastos y otros costos. El propietario podría perder mucho dinero, especialmente si él tiene un *préstamo con intereses ajustables*. (La tasa de interés sobre la hipoteca del propietario cambia con las tarifas de interés del mercado.)

La Posición del Inquilino Cuando se arrienda una propiedad comercial en una buena ubicación, el inquilino prefería obtener un contrato por el término más largo que sea posible. Esto se da verdaderamente cuando un inquilino ha gastado una suma considerable remodelando el establecimiento, tal como un restaurante. Si el inquilino planea vender el negocio será generalmente más valioso con un contrato a largo plazo. Hay dos razones por las cuales el inquilino no querría un arriendo por un largo período: si la ubicación es cuestionable o si el negocio es nuevo. Si el negocio fracasa, el inquilino puede quedar colgado con los pagos si ha firmado un contrato por cinco o diez años.

Idealmente, un inquilino desea tener la posibilidad de salirse del contrato temprano, en caso de que su negocio no pudiera continuar debido a enfermedad o bancarrota. Sin embargo, no es fácil que un propietario esté de acuerdo con esa cláusula de escape. Un inquilino que tenga éxito en sus negocios quisiera tener la posibilidad de renovar el contrato con términos favorables. Este tema se trata bajo la cláusula denominada "Prórroga" en la página 121.

Opción #1

TÉRMINO. El término del contrato será por un período de _____ meses comenzando a las 12:01 el _____ y terminando a medianoche el _____.

Opción #2

TÉRMINO. El término del contrato será por un período de _____ meses comenzando a las 12:01 el _____ y terminando a medianoche, el _____. En caso de cerradura permanente del negocio del inquilino, este contrato quedará terminado.

La Renta

Propósito   La suma de la renta quedará determinada claramente. Si en un arriendo comercial se cobran impuestos sobre la utilización de bienes e impuestos sobre la venta de bienes, entonces se deberá detallar en el contrato quién tendrá que pagarlos. Cuando en el contrato no estaba especificado claramente, distintas cortes (aún en el mismo estado) han reglamentado que debía ser pagado por ambos: el inquilino y el propietario.

La Posición del Propietario   Para un contrato a largo plazo, el propietario querrá tener una cláusula de ajuste proporcional para cubrir los incrementos de costos e inflación. Considere si el efecto de inflación vuelve a un 13%. Luego de cinco años, una renta mensual de $1000 valdrá solamente $540. Si el propietario tiene un préstamo cuya tarifa es ajustable sobre la propiedad, es imperativo que la renta también sea ajustable.

Algunos propietarios suben la renta por una suma fija cada año. Otros igualan los incrementos de la renta con los incrementos de los impuestos o al índice de precios al consumidor (CPI, *Consumer Price Index*—medida de inflación del gobierno). Generalmente los propietarios proveen por el incremento en la renta pero no por las disminuciones en caso de deflación o depresión económica.

Una forma que el propietario tiene para asegurarse de cubrir los gastos, es cobrando una renta fija más un porcentaje de los otros costos de la propiedad, tales como impuestos y mantenimiento. Debido a la facilidad de estos costos *adicionales* (el agregado de costos bajo la apariencia de otra cosa, como gastos por servicios), el inquilino debería cerciorarse que el contrato incluye una descripción exacta de los costos a cobrarse y cómo serán computados.

En algunos arriendos comerciales el propietario cobra un porcentaje del importe bruto de las ventas adicionalmente con una suma fija de base de renta. Esto le permite al propietario pagar menos cuando hay un período débil y más cuando los negocios son buenos. Una variación es cobrar un porcentaje solamente sobre cierta cantidad de las ventas. El propietario debe tener presente, que no siempre es fácil saber que tipo de negocios está haciendo el inquilino.

La Posición del Inquilino   Con nuestra situación económica actual, también existe la posibilidad de una deflación. Con una deflación, la renta que normalmente permanece igual para el inquilino, se incrementará cada año. Para protegerse de la deflación el inquilino preferirá que la renta se rija por el índice de renta del CPI, en lugar de que se incremente con una suma fija cada año.

Opción #1: Cláusula Simple de Renta (Si se usa con un "Ajustes en las Rentas" ver cláusula en la página 119)

RENTA. La renta por el término de este contrato será de $_____ por mes, con cualquier tipo de ventas o deudas de impuestos sobre la utilización de bienes por el alquiler del establecimiento.

Opción #2: Simple de Renta con Cláusula de Ajuste Proporcional

RENTA. La renta por el término del este contrato será de $_____ por mes, con cualquier tipo de ventas o deudas de impuestos sobre la utilización de bienes por el alquiler del establecimiento. Por el segundo y cada año subsiguiente la renta bajo este contrato aumentará por el mismo porcentaje de incremento de acuerdo al "Índice de Precio al Consumidor—sobre todos los artículos—Promedio de Ciudades de EE.UU." de los últimos doce meses.

Opción #3: Cláusulas de Renta con Pagos Adicionales de Impuestos, Servicios Públicos y Mantenimiento

RENTA. La base de la renta por el término de este contrato será de $_____ por mes más _____% de los cargos por impuestos de bienes raíces, servicios públicos sanitarios y mantenimiento de las áreas comunes, junto con cualquier tipo de ventas o deuda de impuestos sobre la utilización de bienes por el alquiler del establecimiento.

Opción #4:
Pagos Adicionales
más un Porcentaje
de Ajuste
Proporcional

RENTA. La base de la renta por el primer año de este contrato será de $ _____ por mes. Por el segundo y cada año subsiguiente bajo este contrato la renta aumentará por el mismo porcentaje de incremento de acuerdo al "Índice de Precio al Consumidor—sobre todos los artículos—Promedio de Ciudades de EE.UU." de los últimos doce meses. Adicional a la base de renta, el inquilino pagará _____% de los cargos por impuestos sobre bienes raíces, servicios públicos sanitarios y mantenimiento de las áreas comunes, junto con cualquier tipo de ventas o deuda de impuestos sobre la utilización de bienes, por el alquiler del establecimiento.

Opción #5:
Pagos Adicionales
Basados en Todas
las Ventas

RENTA. La base de la renta por el término de este contrato será de $ _____ por mes más _____% del total bruto de ventas (recibos de venta) efectuados en el establecimiento, junto con cualquier otra venta o deuda del impuesto sobre la utilización de bienes, por el alquiler del establecimiento.

Opción #6:
Pagos Adicionales
Basados en los
Excesos de Ventas

RENTA. La base de la renta por el término de este contrato será de $ _____ por mes más _____% del total bruto de ventas (recibos de venta) efectuados en el establecimiento que exceda de $_____ por mes, junto con cualquier otra venta o el impuesto sobre la utilización de bienes por el alquiler del establecimiento.

NOTA: *Cuando se usa la opción 5 ó 6, también debe usar la cláusula 3 en la página 156.*

Ajustes en las Rentas

Propósito Los ajustes permiten que se efectúen incrementos por inflación en la renta. Algunas partes prefieren dividir las cláusulas de pago en diferentes cláusulas separadas para hacer más fácil la negociación. Cuando se usa la cláusula simple de renta se pueden agregar las siguientes cláusulas.

La Posición El propietario preferiría la opción 1 en la cual la renta puede solamente
del Propietario aumentar. Su segunda opción sería la No. 2 en la que ésta podría disminuir, pero no menos que la renta inicial.

La Posición El propietario preferiría que el alquiler sea fijo durante el término completo
del Inquilino del contrato así que el no querría cualquiera de las cláusulas. Pero de todas ellas, él inquilino preferiría la opción 3 en la que la renta puede aumentar o disminuir con la inflación. Luego él podría optar por la opción 2.

Opción #1

> AJUSTE EN LAS RENTAS. La base de renta deberá aumentar en el primer mes de cada año en el mismo porcentaje como cualquier incremento en el Índice de Precios al Consumidor—sobre todos los artículos—Promedio de Ciudades de EE.UU.

La opción No. 1 se presta para el caso en que la renta aumente con la inflación, pero no disminuya con la deflación.

Opción #2

> AJUSTE EN LAS RENTAS. La base de renta deberá ajustarse en el primer mes de cada año en el mismo porcentaje en el que el Índice de Precios al Consumidor—sobre todos los artículos—Promedio de Ciudades de EE.UU. haya cambiado en el año anterior, con la condición que la renta mínima no sea menos que la suma de renta inicial bajo este contrato.

La opción No. 2 permite que la renta fluctúe de acuerdo a la inflación o tarifa de deflación con un mínimo de las tarifas del primer año.

Opción #3

AJUSTE EN LAS RENTAS. La base de renta deberá ajustarse en el primer mes de cada año en el mismo porcentaje en el que el Índice de Precios al Consumidor—sobre todos los artículos—Promedio de Ciudades de EE.UU. haya cambiado en el año anterior.

La opción 3 permite que el arrendamiento fluctúe con la inflación o la deflación.

Prórroga

Propósito   La prórroga permite una extensión del contrato en predeterminado términos. Las partes deberían considerar la posibilidad de inflación o deflación aquí también. Luego de diez años de 13% de inflación una renta de $1000, tendrá un valor de $290. Esto quizás sea bueno para un inquilino, pero desvalorizará el valor del edificio para el propietario. Si el contrato inicial contiene incrementos fijos, entonces la renovación generalmente podría incluir incrementos fijos. Si el contrato inicial incluye incrementos basados sobre el índice de inflación, la prórroga generalmente incluye incrementos fijos.

La Posición del Propietario   El propietario quisiera obtener la suma más alta de renta posible sin mandar al inquilino a la quiebra o dejándole que se vaya. Generalmente, durante los períodos de alta inflación es mejor basar el incremento sobre el índice de inflación. En tiempos sin inflación o con deflación, un incremento fijo en el contrato generalmente proporciona más renta. Sin embargo, si la inflación aumenta mientras está en efecto un incremento fijo de alquiler, el propietario podría terminar cobrando de menos por la renta.

La Posición del Inquilino   El inquilino desea que si hubiera incrementos, fueran lo más bajo posible. En los tiempos de inflación un incremento pequeño y fijo generalmente es lo mejor, pero durante un período no inflacionario o deflacionario, un incremento basado sobre el índice de inflación seriá lo mejor.

Opción #1:
Incremento de
Renta Basado en
el Índice de Precio
al Consumidor
(CPI)

PRÓRROGA. Considerando que el inquilino no ha cometido ningún incumplimiento durante el término del contrato, por este medio se le otorga una opción de extender este contrato por el término de _____ años. La base de renta por el primer año de la renovación será la misma suma que los años anteriores más el porcentaje de incremento basado en el Índice de Precios al Consumidor—sobre todos los artículos—Promedio de Ciudades de EE.UU.(CPI) por los previos doce meses. Por cada año siguiente la renta se incrementará* de acuerdo al CPI. El inquilino le dará al propietario una notificación escrito comunicándole la intención de extenderlo, sesenta días antes que termine este contrato.

* El inquilino prefiere la frase "incrementará o disminuirá" en la cláusula.

Opción #2:
Incremento de la
Renta Basado en
Previos
Incrementos

PRÓRROGA. Considerando que el inquilino no ha cometido ningún incumplimiento durante el término del contrato, por este medio se le otorga una opción de extender este contrato por el término de _____ años. La renta por el término renovado será calculada de acuerdo a la misma tarifa de incremento como se usó durante el término original de este contrato. El inquilino le dará al propietario una notificación escrito comunicándole la intención de extenderlo, sesenta días antes que termine este contrato.

Impuestos

Propósito   Si la cláusula de pago no cubre los pagos de impuestos, se deberá incluir una cláusula para aclarar la responsabilidad de cada parte. La cosa más importante es ser claro al determinar quién pagará los impuestos.

La Posición del Propietario   El propietario desea asegurarse que cualquier incremento en los impuestos sea pagado por el inquilino, de ese modo cualquiera de estas cláusulas debería funcionar dependiendo del número de inquilinos y sí los impuestos se deben incluir en la renta.

La Posición del Inquilino   El inquilino preferiría la renta fija sin ningún pago adicional por los impuestos; en tal caso, omitiría esta cláusula.

Opción #1: El Inquilino Paga Todos los Impuestos que se Aplican, Más una Porción de los Impuestos de Bienes Raíces

> IMPUESTOS. El inquilino deberá pagar al propietario, junto con la renta, cualquier impuesto de ventas o cualquier impuesto de ventas o utilización sobre la utilización de bienes que se pagan a las autoridades gubernamentales. El inquilino deberá también pagar los impuestos de bienes raíces que se le atribuyan al establecimiento. La suma de impuestos que le corresponden al inquilino será de _____% de la factura de impuestos que recibe el propietario y que cubre este establecimiento. Los impuestos de bienes raíces serán pagados mensualmente junto con la renta y deberá estar basada en 1/12 de las más recientes facturas anuales.

La opción 1 es para una situación donde hay muchos inquilinos y cada parte paga un porcentaje de la factura de impuestos.

Opción #2:
El Inquilino Paga
los Impuestos que
se Aplican, Más
Cualquier
Incremento de los
Impuestos de
Bienes Raíces

IMPUESTOS. El inquilino deberá pagar al propietario, junto con la renta, cualquier impuesto de ventas o uso de bienes que se pagan a las autoridades gubernamentales. En caso de que los impuestos de bienes raíces que se atribuyan a la propiedad aumentaran en los años futuro bajo este acuerdo, el inquilino deberá pagar tal incremento proporcional a la unidad cada mes, adicionalmente al pago de la renta.

La opción 2 es por una situación donde los impuestos están incluidos en la renta, pero se espera que el inquilino pague cualquier incremento. Dependiendo del convenio de las partes, es posible combinar éstas para crear otras opciones por ejemplo: cómo muchos inquilinos deberán dividirse entre ellos el incremento de los impuestos.

Uso del Establecimiento

Propósito Para asegurarse que el inquilino no utilice el establecimiento para practicar cualquier actividad ilegal o peligrosa o competir con otros inquilinos se incluye esta cláusula.

La Posición del Propietario El propietario no querrá que se practique ninguna actividad peligrosa en el establecimiento. En algunos casos un propietario querrá limitar que se opere un determinado negocio puesto que él ha convenido previamente, con otro inquilino, que tendría el derecho exclusivo de realizar ese tipo de comercio.

En un edificio donde no haya otros inquilinos el propietario no le preocupará que clase de negocio se opere. Sin embargo, los propietarios deberían tener presente que algunos inquilinos, tal como los profesionales, hacen que la propiedad se vuelva más valiosa que otros inquilinos, por ejemplo: los fabricantes de fuegos artificiales.

La Posición del Inquilino Una cláusula que limita el uso del establecimiento a un tipo de negocio no es bueno para el inquilino. El inquilino puede decidir expandir su negocio o agregar productos más ventajosos y no desea estar limitado al propósito original. Idealmente, el inquilino desearía tener la posibilidad de hacer cualquier cosa que no sea ilegal, pero sí que no sea fácilmente aceptada por el propietario, entonces tratará de incluir una lista tan larga como sea posible de usos permisibles.

Opción #1:
Cláusula
Simple

USO DEL ESTABLECIMIENTO. El establecimiento no será utilizado para ningún tipo de actividad que tenga propósitos ilegales o que violen ninguna reglamentación urbanística o restricciones de la propiedad.

Opción #2:
Uso Específico

USO DEL ESTABLECIMIENTO. El establecimiento sólo se utilizará como _____ y no se deberá usar para ningún propósito ilegal o en violación de ninguna reglamentación urbanística o restricciones de la propiedad.

Opción #3:
Especificando el
Uso Más las
Restricciones para
la Exhibición

USO DEL ESTABLECIMIENTO. El establecimiento sólo se utilizará como _____ y no se deberá usar para ningún propósito ilegal o en violación de ninguna reglamentación urbanística o restricciones de la propiedad. El inquilino no guardará o colocará ninguna mercancía en áreas comunes sin un permiso por escrito del propietario. El inquilino mantendrá cualquiera de los escaparates en condición impecable y ordenada. Así mismo, no hará ninguna alteración de la estructura del local o establecimiento sin el consentimiento por escrito del propietario.

Opción #4:
Especificando el
Uso Más Múltiples
Restricciones

USO DEL ESTABLECIMIENTO. El establecimiento sólo se utilizará como _____ y no se deberá usar para ningún propósito ilegal o en violación de ninguna reglamentación urbanística o restricciones de la propiedad. El inquilino no guardará o colocará ninguna mercancía en áreas comunes sin un permiso por escrito del propietario. El inquilino mantendrá cualquiera de los escaparates en condición impecable y ordenada. Así mismo, no hará ninguna alteración de la estructura del local o establecimiento sin el consentimiento por escrito del propietario. El inquilino está de acuerdo de conducir su negocio en forma respetable en todo momento, y no tener subasta legal, liquidación, incendio o venta por quiebra sin el consentimiento por escrito del propietario, el cuál siendo razonable, no será denegado.

Leyes Ambientales

Propósito Hoy en día las leyes ambientales son tan estrictas que los dueños de las propiedades pueden enfrentarse con multas devastadoras o pérdidas de sus propiedades por violaciones. Esta cláusula asegura el cumplimiento de las leyes y facilita soluciones en caso de que estas no se cumplieran.

> LEYES AMBIENTALES. El inquilino cumplirá estrictamente con cualquiera o todas las reglamentaciones de leyes y reglamentos para el medio ambiente, ya sean locales, estatales o federales. En caso de que el inquilino violara alguna de las leyes, el propietario puede terminar el contrato. El inquilino será responsable por la eliminación de tal violación o cualquier otra, y por los costos, multas o penalidades basadas en tal violación.

A los propietarios, se les puede considerar legalmente responsables de la eliminación de cargos ambientales, aunque ésta sea mayor que el valor de la propiedad. Esto significa que su inversión de $100,000 en una gasolinera (de su propiedad) podría costarle $500,000 en indemnización si el tanque de gas tiene una perdida que va directamente a la tierra.

Se les puede considerar legalmente responsables a los dueños de una propiedad que fue contaminada antes de que el propietario actual la haya comprado, o que no se haya descubierto contaminada antes de que se hubiera vendido. Por eso, es importante revisar la propiedad antes de comprarla. Los registros públicos de la propiedad le pueden informar sobre los propietarios anteriores que han tenido problemas de contaminación y si hay pruebas que pueden determinar si la propiedad está actualmente contaminada. Desdichadamente, estas pruebas son muy caras.

La Competencia en el Negocio

Propósito   Esta cláusula determina los principios para cuando se alquila un edificio donde hay negocios del mismo ramo compitiendo entre ellos. Las partes deberían decidir exactamente en qué están de acuerdo, y establecerlo claramente en el contrato. Si el contrato dice que el propietario no permitirá otro negocio de animales domésticos en el centro comercial, ¿el propietario le puede rentar una unidad a un inquilino que quiera abrir un gran almacén que venderá mercaderías para animales domésticos a precio rebajado? Probablemente sí (dependiendo del juez), si el negocio es solamente un almacén general y no un negocio de animales domésticos.

La Posición del Propietario   Idealmente un propietario no desearía estar limitado a quién debe alquilar otras unidades, pero algunos inquilinos rechazan alquilar a menos que les aseguren que allí no habrá un negocio idéntico al de ellos unos pasos más allá. Un propietario puede estar de acuerdo con esas cláusulas si él está seguro que no tendrá mejor oportunidad con un futuro inquilino. Por ejemplo: si él le alquila a un pequeño negocio al paso de venta de alimentos y no podrá alquilarle a una gran cadena de supermercados.

La Posición del Inquilino   El inquilino no desea otro negocio similar al suyo en el mismo centro comercial que compita con él para obtener clientes. En un gran centro comercial es común que un inquilino quiera tener el derecho exclusivo para vender ciertos productos. Si hay muchos inquilinos vendiendo el mismo producto, alguno de ellos o todos tendrán que cerrar.

Si el inquilino no desea a nadie más vendiendo mercancía para animales domésticos en el centro comercial, podría pedir que se determine en el contrato. El propietario debe reconocer que puede perder la posibilidad de alquilarle a otro gran inquilino.

El inquilino debería revisar las leyes de reglamentaciones urbanísticas y regulaciones antes de firmar el contrato para estar seguro que el comercio que tiene en mente pueda llevarse a la práctica legalmente en el establecimiento. Una vez que haya firmado el contrato puede ser demasiado tarde.

Opción #1:
Cláusula
Básica

LA COMPETENCIA EN EL NEGOCIO. El propietario está de acuerdo en no rentar otras unidades en el edificio para _____ negocios durante el término de este contrato y en ninguna extensión del mismo.

Opción #2:
Limitación
Adicional
sobre Ciertos
Artículos

LA COMPETENCIA EN EL NEGOCIO. El propietario está de acuerdo en no rentar otras unidades en el edificio para _____ negocios durante el término de este contrato y en ninguna extensión del mismo. Adicionalmente, el propietario prohibirá otros negocios en el edificio vendiendo _____.

Lugar de Estacionamiento

Propósito El contrato debe designar claramente cuáles son las áreas de estacionamiento en que el inquilino puede o no puede aparcar su vehículo. (Puesto que las regulaciones de estacionamiento pueden ser muy largas, es mejor que no se incluyan en el contrato. De este modo se permitirá efectuar enmiendas cada tanto para acomodar los cambios de circunstancias.)

La Posición del Propietario El propietario desea estar seguro de que el aparcamiento es adecuado para todos los inquilinos. Una buena medida que hay que tener es limitar el estacionamiento para los empleados en una zona alejada del edificio. Por cada empleado que toma el lugar que ese encuentra frente al comercio en la mañana, cientos de clientes quizás tengan que caminar a través del estacionamiento (aparcamiento). Los empleados sólo van y vienen a sus vehículos una vez y no se les debería permitir ocupar los mejores lugares.

La Posición del Inquilino El inquilino debería revisar que el estacionamiento es adecuado antes de rentar la unidad. También debería informarse acerca de que clase de negocios se comparten en el lote y preguntarles a los otros inquilinos si hay aparcamiento adecuado. Por ejemplo: una oficina del gobierno tal como la de seguro social o de cupón federal (para comida), frecuentemente puede ocupar completamente el estacionamiento. Los inquilinos deberían saber que las normas de estacionamiento cambian ya que pueden dejar de ser efectivas.

Opción #1: Áreas Limitadas LUGAR DE ESTACIONAMIENTO. El inquilino tendrá el uso no exclusivo del espacio de aparcamiento de _____ vehículos. El uso de tales áreas de estacionamiento estará sujeto, a toda hora, a las normas y reglamentaciones razonables que el propietario distribuirá.

Opción #2:
Áreas
Ilimitadas

LUGAR DE ESTACIONAMIENTO. El inquilino tendrá el uso no exclusivo de todo el área de estacionamiento en el predio. Las áreas de aparcamiento cumplen con la principal intención de ser destinadas para el uso de los clientes y el inquilino no permitirá que sus empleados usen tales áreas para el estacionamiento temporáneo o permanente de ninguno de sus automóviles, camiones u otros vehículos excepto los que puedan ser aprobados y designados, por escrito, por el propietario. El uso de tales áreas de estacionamiento estará sujeto, en todo momento, a tales razonables reglamentaciones y regulaciones como el propietario difundirá.

Letreros y Avisos

Propósito Esta cláusula gobierna cómo se pueden colocar los avisos.

La Posición del Propietario El propietario desea tener la posibilidad de autorizar los letreros que se instalan en la propiedad. El uso inadecuado del nombre o la fotografía del establecimiento en un contexto equivocado puede causarle problemas al propietario. Para asegurase que el inquilino no utilice avisos o emblemas que no sean razonables y que el nombre del establecimiento no sea utilizado sin previa autorización, se debe incluir una cláusula sobre letreros y ovisos. Un letrero poco común puede tener muchos ornamentos, ser peligroso o hasta ilegal en algunos casos.

La Posición del Inquilino Generalmente, el inquilino deseará tener un letrero que sea lo más visible posible para atraer ventas. Ésto deberá ser negociado antes de firmar el contrato. Si no se permite que el inquilino tenga un letrero adecuado, el negocio posiblemente sufra las consecuencias. El inquilino debería tener determinado en el contrato la ubicación y el tipo de letrero que necesita, para su mayor protección. Se puede diseñar un bosquejo que exhiba el diseño y adjuntarlo con el contrato.

En algunas propiedades el dueño tendrá un tipo uniforme de diseño gráfico que usan los inquilinos. Éste puede colocarse sobre cada unidad o sobre una estructura cerca de la calle. Generalmente el propietario ha contratado con una compañía que diseña letreros uniformes. El inquilino debería constatar que el precio sea razonable y que no incluya ninguna comisión confidencial u otro costo escondido.

Opción #1:
Condiciones
Extensivas

LETREROS Y AVISOS. El inquilino tendrá el derecho de instalar y mantener a su propio costo, un letrero en la parte frontal del comercio que fuera aprobado por el propietario, por escrito, incluyendo dimensiones, ubicación y diseño, cuya aprobación no será irrazonablemente denegada. El inquilino está de acuerdo en no usar ningún medio de publicidad en la unidad o áreas comunes que cause objeción de parte del propietario u otro inquilino tal como altoparlantes, radio difusión o música grabada que se pudiera escuchar fuera de la unidad. El inquilino no instalará ningún toldo, bandera o luces sin el consentimiento escrito del propietario. El inquilino no usará el nombre del establecimiento como dirección, o la fotografía o el dibujo del establecimiento sin el consentimiento escrito del propietario.

Opción #2:
Reglamentaciones
para los
Letreros

LETREROS Y AVISOS. El inquilino no colocará ningún letrero u otro emblema fuera de la unidad sin el consentimiento previo, por escrito, del propietario.

Opción #3:
Mantenimiento y
Reparaciones

LETREROS Y AVISOS. El inquilino estará autorizado a colocar un letrero en la propiedad como se describe en la Exhibición _____ adjunta al contrato.

Mantenimiento y Reparaciones

Propósito Deberá designarse qué parte es responsable por cada tipo de mantenimiento que se deba hacer en el local. (Cuanto más detallada se diseñe esta cláusula cuanto menos la posibilidad de que exista desacuerdo.)

La Posición del El propietario deseará ser responsable por el menor mantenimiento
Propietario posible, pero en los edificios donde coexisten más de un inquilino, él es quién retiene la responsabilidad de la parte exterior. En algunas ocasiones es reembolsable por los inquilinos.

La Posición del El inquilino deseará ser responsable por el menor mantenimiento posible,
Inquilino pero generalmente suele ser responsable por los sistemas instalados en su unidad. En un edificio donde hay un solo inquilino es él quién deber ser responsable por todo el mantenimiento. En un edificio de muchas unidades se le puede pedir a cada inquilino que pague una porción del costo del mantenimiento de la parte exterior.

Si el inquilino paga un porcentaje de los mantenimientos comunes, esos costos se deberían detallar clara y anticipadamente, por escrito. Debe preguntar si el mantenimiento lo maneja una compañía que el propietario controla o mantiene conexiones. Además, es conveniente averiguar a través de otros inquilinos cuáles han sido los costos de mantenimiento en los últimos años. (Esta cláusula reduce el riesgo de aumentos superfluos, o gastos escondidos, cuando se detalla por escrito tanto como se pueda.)

Las siguientes son dos opciones. Dependiendo de su arreglo quizás desee cambiar las obligaciones.

Opción #1:
El Inquilino es
Responsable
por las
Reparaciones

MANTENIMIENTO Y REPARACIONES. El propietario deberá mantener los cimientos, las paredes exteriores y el techo del establecimiento y las áreas comunes bien reparadas, excepto que el propietario no será responsable por ninguna reparación ocasionada por los actos del inquilino, sus agentes o empleados. El inquilino será responsable por el mantenimiento y la reparación del interior de la unidad, incluyendo calefacción y sistema de aire acondicionado, electricidad, plomería, maquinarias, cerrajería, puertas, ventanas, mamparas y pintura. Toda reparación será hecha con materiales y mano de obra equivalente a la original. El inquilino será responsable por el servicio de exterminación de la unidad.

Opción #2:
El Inquilino
Paga un
Porcentaje de
las
Reparaciones

MANTENIMIENTO Y REPARACIONES. El propietario deberá mantener los cimientos, las paredes exteriores y el techo del establecimiento y las áreas comunes bien reparadas, excepto que el propietario no será responsable por ninguna reparación ocasionada por los actos del inquilino, sus agentes o empleados. El inquilino será responsable de reembolsarle por desembolso mensual del propietario un porcentaje mensual de_____% de cualquier suma que el propietario haya gastado por mantenimiento y reparaciones. El inquilino será responsable por el mantenimiento y la reparación de la parte interior de la unidad incluyendo calefacción y sistema de aire acondicionado, electricidad, plomería, maquinarias, cerrajería, puertas, ventanas, mamparas y pintura. Toda reparación será hecha con materiales y mano de obra equivalente a la original. El inquilino será responsable por el servicio de exterminación de la unidad.

NOTA: *En muchos casos el inquilino paga todo el mantenimiento. En otras situaciones una parte es directamente hecha por el inquilino, y el mantenimiento del edificio está a cargo del propietario, pero se paga proporcionalmente por cada inquilino.*

Servicios Públicos

Propósito   Debería establecerse claramente qué parte es responsable de pagar los servicios públicos. Posiblemente la estructura del edificio puede determinar quién paga qué, por cada cargo.

La Posición del   Generalmente, el propietario desea pasarle todos los costos a los inquilinos.
Propietario   Si no les puede facturar directamente a los inquilinos, se debe especificar claramente los procedimientos de reembolso.

La Posición del   Si el propietario provee calefacción y aire acondicionado, el inquilino
Inquilino   debería asegurarse que se provean a todas horas en las que planea usar la unidad. Algunos propietarios cortan los servicios durante el fin de semana y los feriados. Si el inquilino tiene planes de abrir su comercio durante esos días, tendría que negociar antes de firmar el contrato, y detallarlo en un documento adjunto.

Si el inquilino debe rembolsar los gastos al propietario por algunos servicios públicos, el método que determina la suma será establecido antes de la realización del contrato. Algunos propietarios pueden aumentar estas facturas, por ejemplo: cobrando una tarifa fija por la electricidad que refleja que es mucho más alta que la que se pagó realmente a la compañía. Puede ser ilegal en algunos estados, ya que el propietario probablemente no tenga licencia como representante de la compañía de servicios públicos. Puede ser prohibido por medio de estatuto o por reglamentación de la comisión que regula los servicios públicos sanitarios.

Opción #1:
El Inquilino Paga
Todo

> SERVICIOS PÚBLICOS. El inquilino será responsable por todos los gastos de electricidad, gas, agua, alcantarillado, u otros servicios públicos que se proveen en el local. Cualquiera de estos gastos que no sean facturados directamente al inquilino, deberán ser devueltos al propietario todos los meses, luego de que se le presente el estado de cuenta.

Opción #2:
El Inquilino
Paga un
Porcentaje

SERVICIOS PÚBLICOS. El inquilino será responsable por todos los gastos de electricidad, gas, agua, alcantarillado, u otros servicios públicos que se proveen en el local. El inquilino deberá pagar _____% de las facturas por _____dentro de los diez días de haberlas recibido del propietario.

Opción #3:
Cada Parte
Paga una
Porción

SERVICIOS PÚBLICOS. El inquilino será responsable por_____ y el propietario será responsable por _____.

Opción #4:
El Propietario
Paga

SERVICIOS PÚBLICOS. El propietario le proveerá al inquilino, durante las horas normales de negocio: calefacción y aire acondicionado, agua y cloacas, lavado de las ventanas, servicios del conserje y electricidad para un alumbrado de rutina en artículos eléctricos que utilicen 110 voltios. Si el inquilino se excede de las sumas de consumo razonable, comparado con otros inquilinos, el propietario puede requerirle que pague el exceso.

Opción #5:
El Propietario
Paga—Días y
Horas
Limitadas

SERVICIOS PÚBLICOS. El propietario le proveerá al inquilino calefacción y aire acondicionado, agua y alcantarillado, lavado de las ventanas, servicios del conserje y electricidad para un alumbrado de rutina en artículos eléctricos que utilicen 110 voltios. Estos servicios serán provistos durante los días y horas detalladas en el documento de prueba _____.

Responsabilidad Financiera

Propósito Esta cláusula resume el alcance de responsabilidad financiera que cada parte tiene por cosas como indemnización, perdida, accidente o robo.

La Posición del Propietario El propietario deseará tener protección de responsabilidad financiera por accidentes o daños que pudieran ocurrir en el inmueble arrendado. En la mayoría de los casos un propietario no puede limitar su responsabilidad por su propia negligencia con una cláusula en el contrato. Ocasionalmente, un propietario puede tener un litigio judicial por algún acto cometido por un inquilino. Aunque el seguro generalmente cubre esta situación, el propietario puede también requerirle al inquilino que sea responsable financieramente por tales costos.

La Posición del Inquilino El inquilino no querrá ser responsable financieramente por ningún de los actos del propietario ni tampoco deseará defender al propietario en ningún juicio. Sin embargo, esto se puede cubrir con cualquier póliza de seguro que sea contratada sobre el comercio del inquilino. (Véase la próxima sección sobre seguros.)

Opción #1: Cláusula Extensiva que Protege al Propietario

RESPONSABILIDAD. El propietario, sus empleados y agentes no serán responsables por las multas (en su totalidad), litigios judiciales, demandas perdidas y acciones (incluyendo honorarios del abogado) por cualquier daño o pérdida de la propiedad sobre o en el inmueble, que el inquilino, sus empleados, sub-inquilino, huésped o cualquier otra persona que entre en el local haya causado por negligencia o mal comportamiento, o violación de este contrato. Y el inquilino indemnizará y los considerará no responsables de los puntos arriba mencionados. El propietario no será responsable por ninguna pérdida o daños causados a cualquier persona o propiedad ocasionados por robo, incendio, fuerza mayor, emergencia pública, requerimiento judicial, motín, huelga, guerra, insurrección, orden judicial, requisito de otro cuerpo gubernamental o autoridad, por otros inquilinos del edificio, sus invitados o por ningún otra situación que escape al control del Propietario, o de ninguna otra causa, excepto por la negligencia del propietario. El inquilino por este medio reconoce que el propietario no ha hecho una manifestación de garantía, ni oral ni escrita, expresa o que implique, de ninguna medida de seguridad o dispositivo de seguridad sobre o acerca del establecimiento.

Opción #2:
El Inquilino No
Considera
Responsable al
Propietario

RESPONSABILIDAD. El inquilino está de acuerdo en que el propietario es inocente de cualquier o todas las demandas hechas por daños y perjuicios que ocurran en el local. El inquilino será el único responsable por asegurar las pertenencias que posee en el local.

Opción #3:
Acuerdo Que el
Propietario No
Es Responsable

RESPONSABILIDAD. Está expresamente acordado entre las partes que el propietario no será responsable de ningún daño o perjuicio causados a las pertenencias que se encuentran en o cerca del local arrendado.

Opción #4:
El Propietario
es Responsable
Solamente por
Sus Propios
Actos

RESPONSABILIDAD. El propietario no será responsable de ninguna pérdida o accidente en el inmueble que no haya sido causado por el propietario. El inquilino está de acuerdo en ser responsable del seguro por sus propios efectos, si lo desea.

Opción #5:
El Propietario
No Considera
Responsable al
Inquilino

RESPONSABILIDAD. El propietario no será responsable de ninguna perdida o accidente en el inmueble que no haya sido causado por él mismo. El inquilino está de acuerdo en ser responsable del seguro por sus propios efectos, si lo desea. El propietario considerará inocente al inquilino de cualquier accidente que ocurra en las áreas comunes cerca de la propiedad.

La opción 5 protege al inquilino de la responsabilidad por accidentes que puedan ocurrir en las áreas comunes del establecimiento que el inquilino no tenga la responsabilidad de mantenerlas.

El Seguro

Propósito   Esta cláusula resume que tipos de seguros se requieren.

La Posición del Propietario   El propietario desea asegurarse que el inquilino mantenga un seguro de responsabilidad civil actualizado para proteger al propietario de las posibles demandas que se levanten fuera de las operaciones del inquilino. El inquilino no debería objetarlo ya que es más importante para él tener un seguro sobre su negocio. El propietario se debe asegurar que su nombre está en la lista de la póliza del inquilino como un beneficiario por pérdidas. También el propietario debería tener su propia póliza. Cada propietario debería considerar una cobertura de póliza de $1,000,000 o más. Hoy en día muchos jurados se asignan sumas como éstas. Frecuentemente es posible obtener tales pólizas de seguro por unos doscientos dólares al año.

La Posición del Inquilino   El inquilino quiere saber que positivamente el propietario tiene el edificio asegurado. Para asegurarse que la póliza no esté expirada, puede requerir un seguro adicional sobre la póliza, o que se le notifique si está expirada. El inquilino puede negociar para que el contrato quede cancelado si el seguro caduca. El propietario no podrá objetarle esto razonablemente.

Opción #1: El Inquilino Tiene Seguro

SEGURO. El inquilino deberá mantener una póliza de seguro de responsabilidad civil efectiva por el término que dure el contrato, y que cubra al inquilino y al propietario contra cualquier responsabilidad financiera que se origine por accidente causados dentro o en las cercanías del establecimiento. El límite de dicha póliza será de $_____/$_____ por accidentes personales y $_____ daños a la propiedad. El propietario será el beneficiario por la perdida en tal póliza.

Opción #2:
Las Dos Partes
Tienen Seguro

SEGURO. El inquilino deberá mantener una póliza de seguro de responsabilidad civil efectiva por el término que dure el contrato, y que cubra al inquilino y al propietario contra cualquier responsabilidad financiera que se origine por accidente causados dentro o en las cercanías del establecimiento. El límite de dicha póliza será de $_____/$_____ por accidentes personales y $_____ daños a la propiedad. El propietario deberá mantener efectivas una póliza de seguro por accidentes sobre el edificio y un seguro de responsabilidad civil en las áreas comunes.

Incendio o Accidente

Propósito   Esta cláusula determina lo que ocurre en caso de incendio u otros daños.

La Posición del   El propietario quiere asegurase que el contrato continuará y que en caso de
Propietario   incendio u otros daños que ocurran al establecimiento, él tendrá tiempo
adecuado para reedificarlo.

La Posición del   El inquilino desea exactamente lo opuesto. Generalmente si el local se daña
Inquilino   o se destruye el inquilino aún debe pagar la renta hasta que se restaure.
Esto significa que el inquilino deberá pagar la renta en dos lugares: el local
dañado y el local alquilado temporalmente hasta que se termine la restau-
ración. Puede que esté cubierto por el seguro, pero una protección
adicional puede agregársele al contrato.

INCENDIO O ACCIDENTE. En caso de que un incendio u otro accidente
sucediera en el establecimiento:

a)   Si el establecimiento no se declara inactivo en parte o totalmente,
el propietario rápidamente, luego de recibir los procedimientos de
seguro, repara el establecimiento y la renta no disminuirá.

Opción #1:
El Propietario
Repara el
Establecimiento—
La Renta y el
Seguro son
Afectados

b)   Si el establecimiento fue declarado parcialmente inactivo el propietario rápidamente, luego de recibir los procedimientos de seguro,
repara el establecimiento y la renta disminuirá en proporción a la
parte desocupada.

c)   Si el establecimiento fue declarado totalmente inactivo, el propietario
rápidamente, luego de recibir los procedimientos de seguro, repara
el establecimiento y la renta disminuirá. Si esto ocurriera durante los
dos últimos años del contrato, el propietario puede cancelar este
contrato.

El descuento en la renta no se aplicará si el inquilino tiene que inte-
rrumpir los servicios del seguro. En caso de que el tenedor de la hipoteca requiera que el procedimiento de seguro sea utilizado para retirar
la deuda, entonces el propietario puede cancelar este contrato.

**Opción #2:
Cláusula
Básica—
Reparación
dentro de los
90 días**

INCENDIO O ACCIDENTE. En caso de que el establecimiento fuera parcialmente dañado por el fuego u otros accidentes, el propietario lo reparará dentro de los (90) días. En caso de que el establecimiento fuera destruido y desocupado, la renta será disminuida y el propietario podrá reedificar el sitio dentro de los (90) días, o puede cancelar este contrato.

**Opción #3:
El Inquilino
Puede
Cancelar**

INCENDIO O ACCIDENTE. En caso de que el establecimiento fuera dañado en su totalidad o en parte por incendio u otros accidentes, el propietario puede cancelar este contrato. Si el inquilino elige continuar con el contrato, recibirá un descuento proporcional en la renta, para la área inutil.

Dominio Eminente

Propósito El dominio eminente es el derecho de un cuerpo del gobierno a tomar el establecimiento en forma parcial o total para darle un uso público, tal como ensanchar una ruta o construir un edificio público.

La Posición del Propietario Si cualquier parte de la propiedad fuera tomada por dominio eminente, el propietario deseariá recibir todos los pagos atribuibles a la propiedad. Si solamente fuera tomada una parte de la propiedad, el propietario probablemente deseariá terminar el contrato o continuarlo a una suma prorrateada de renta.

La Posición del Inquilino El inquilino preferiría tener la opción de continuar con su negocio y recibir cierta suma por la disminución de valor, o terminar el contrato y dejar que el valor de la propiedad disminuya ventajosamente. Si el inquilino ha hecho valiosas mejoras al establecimiento, probablemente querría que le pagaran por adjudicación si fuese obligado a dejar el local.

Opción #1: El Propietario Obtiene la Adjudicación—El Arriendo Continúa– la Renta se Prorratea

DOMINIO EMINENTE. En caso de que cualquier parte del establecimiento fuera tomado por dominio eminente, el propietario tendrá el derecho de la adjudicación (de dinero) por todos los daños ocasionados por la disminución de bienes y bienes raíces arrendados. En caso de que solamente una parte del establecimiento fuera tomado y el resto continuara disponible para la renta, la renta será prorrateada y el inquilino solamente será responsable financieramente por la porción que quedara usable del establecimiento.

Opción #2:
El Propietario
Obtiene la
Adjudicación—
El Arriendo
Termina

DOMINIO EMINENTE. En caso de que cualquier parte del establecimiento fuera tomado por dominio eminente, el propietario tendrá el derecho de la adjudicación (de dinero) por todos los daños ocasionados por la disminución de bienes y bienes raíces arrendados y este contrato quedará terminado.

Opción #3:
El Propietario
y el Inquilino
Comparten la
Adjudicación

DOMINIO EMINENTE. En caso de que cualquier parte del establecimiento fuera tomado por dominio eminente, el propietario tendrá el derecho de la adjudicación (de dinero) por todos los daños ocasionados por la disminución de bienes y bienes raíces arrendado. Si toda la propiedad fuera tomada este contrato terminará. Si parte de la propiedad fuera tomada pero el establecimiento incluido en este contrato continúa siendo rentable, el propietario tendrá la opción de terminar el contrato o continuarlo con la renta prorrateada y el inquilino sólo será responsable financieramente por la porción del establecimiento que se puede usar.

Opción #4:
El Propietario
y el Inquilino
Comparten la
Adjudicación—
El Contrato
Termina

DOMINIO EMINENTE. En caso de que el establecimiento fuera tomado por dominio eminente, el propietario tendrá el derecho de la adjudicación (de dinero) por todos los daños ocasionados por la disminución de bienes y bienes raíces arrendado y el inquilino tendrá el derecho a toda adjudicación por daños a sus instalaciones y mejoras realizadas a los bienes raíces arrendados. En caso de que el establecimiento fuera declarado inútil al tomarlo, entonces el inquilino puede terminar el contrato.

El Traspaso y Subarriendo

Propósito   Esta cláusula explica si se permite un traspaso o subarriendo. (Para la defi-nición de ambos términos sírvase dirigirse a la página 87.)

La Posición del   El propietario deseará aprobar a los futuros inquilinos del establecimiento.
Propietario   Aunque generalmente el propietario puede perseguir al previo inquilino por el pago de renta o responsabilidad financiera, un nuevo inquilino que no ha sido investigado por el propietario puede causar problemas.

Una forma de evitar que una cláusula prohíba un *traspaso o subarriendo* es si el inquilino fuese una corporación. En tal caso se pueden vender las acciones de la corporación a un nuevo inquilino. De este modo el contrato permanece a nombre de la corporación que originalmente arrendó y no habría violación de contrato, aunque los propietarios del negocio hayan cambiado. El propietario preferiría prohibir tal maniobra.

La Posición del   El inquilino preferiría mantener el derecho de traspaso o subarriendo del
Inquilino   establecimiento. En algunos casos el propósito de empezar un negocio es venderlo en pocos años y la ubicación es siempre una parte representativa del valor. Adicionalmente, otros negocios o problemas de salud podrían ocasionar la venta del comercio.

En algunos estados la ley requiere que el propietario sea razonable al permitir traspasos.

Opción #1:
No Hay Traspasos
sin Consentimiento

TRASPASOS Y SUBARRIENDO. El inquilino no traspasará este contrato o de ningún modo transferirá sus intereses en el local, realizará subarriendo total o parcial del mismo, sin el consentimiento por escrito del propietario.

Opción #2:
Se Prohíbe la
Venta de la
Corporación

TRASPASOS Y SUBARRIENDO. El inquilino no traspasará este contrato o de ningún modo transferirá sus intereses en el local, o realizará subarriendo total o parcial del mismo, sin el consentimiento por escrito del propietario. En caso que el inquilino sea una corporación, y que el control de ésta cambie en cualquier momento, el propietario puede declarar ese evento como un incumplimiento del contrato.

Opción #3:
Traspaso
Permitido si es
Razonable

TRASPASOS Y SUBARRIENDO. El inquilino no traspasará este contrato ni efectuará un subarriendo del local sin el consentimiento escrito del propietario. Tal consentimiento no será denegado irrazonablemente.

Incumplimiento y Soluciones

Propósito   Esta cláusula determina cómo manejarse con las violaciones del contrato.

La Posición del Propietario   Si un inquilino no cumple con alguno de los términos del contrato el propietario querrá tener el poder de obligar al inquilino a remediar el incumplimiento o desalojar la unidad. La opción 2 que se describe abajo contiene muchas soluciones, pero en algunos estados pueden ser prohibidas por la ley. El propietario preferiría elegir la mejor, pero en algunos estados la ley no permite la elección de soluciones.

Esta cláusula es una de las más importantes en el contrato y usted debería revisar las leyes de su estado para ver si es legal. Una forma de hacerlo es sacando fotocopias de un contrato publicado por la Asociación de Agentes de Bienes Raíces®.

Si el inquilino presenta bancarrota en la corte el propietario debería consultar con un abogado que se especialice en leyes relacionadas con quiebras para saber que opciones tiene. En el momento en que se presenta la *petición de bancarrota*, todas las acciones en contra del deudor deben quedar sin efecto y el propietario puede ser considerado en desacato de la corte si toma alguna acción en contra del inquilino antes de tener un permiso otorgado por la corte.

La Posición del Inquilino   El inquilino tiene intereses opuestos al propietario. Él quiere tener tiempo, tanto como sea posible, para remediar su incumplimiento y adicionalmente, no desea perder sus derechos sobre el local. Es importante para el inquilino que la notificación de cualquier incumplimiento le sea comunicada por escrito y con suficiente anticipación.

Opción #1: Las Opciones del Propietario

INCUMPLIMIENTO Y SOLUCIONES. En caso de que el inquilino no cumpliera con el pago de la renta, violara cualquier término de este contrato, abandonara el local, transfiriera sus intereses sobre la unidad por una operación legal, por quiebra o por traspaso de los acreedores, entonces el inquilino cometería un incumplimiento de este contrato. Por tal incumplimiento el propietario puede terminar el contrato y retomar la posesión por su propia cuenta, o puede terminar este contrato y retomar posesión por cuenta del inquilino, haciéndole responsable de cualquier pérdida sobre la renta, o puede tener la opción de dejar la unidad vacante y declarar el resto del balance de la renta como una inmediata deuda a pagar.

INCUMPLIMIENTO Y SOLUCIONES. Se considerará que el inquilino ha cometido un incumplimiento cuando bajo este contrato cometa cualquiera de las siguientes violaciones:

a) No paga la renta en la fecha indicada en el contrato;

b) No cumple con alguna otra obligación estipulada en el contrato;

c) Abandona el local o no puede activamente cumplir con las operaciones de su negocio que alquiló para tal fin;

d) La presentación de una petición de quiebra hecha por el inquilino o un representante para declararle en bancarrota;

e) Una cita de cualquier Corte con cualquier administrador judicial, fiduciario o custodio de la propiedad o el negocio del inquilino;

f) El traspaso de cualquiera de las propiedades del inquilino para el beneficio de los acreedores;

Opción #2: Incumplimiento Definido—Las Opciones del Propietario

g) La suma recaudada por ejecución, embargo u otra ocupación de la propiedad del inquilino en satisfacción de cualquier juicio, deuda o demanda.

En caso de cualquier incumplimiento del inquilino, el propietario puede ejecutar cualquiera de las siguientes soluciones:

a) Terminar este contrato y retomar posesión con o sin proceso legal.

b) Retomar posesión del local, a cuenta del inquilino como agente del mismo por el término que quede del contrato o por un corto período así como el juicio del propietario crea conveniente para remediar el incumplimiento, para luego rehabilitar al inquilino sobre tales condiciones como el propietario determinase que fueran suficientes para impedir futuros incumplimientos;

c) Sin terminar el contrato, demandar pago inmediato del balance total impago de la renta;

d) Retomar el local y presentar una acción judicial por daños causados por el incumplimiento del inquilino;

e) Ejercitar todas las soluciones antedichas junto con las otras y con los otros derechos y soluciones que el propietario tenga por ley o por justicia natural.

Opción #3:
Notificación
Certificada para el
Inquilino—
La Terminación es
Permitida

INCUMPLIMIENTO Y SOLUCIONES. En caso de que el inquilino no cumpla en pagar la renta, viole cualquier de los términos de este contrato o abandone el local, el inquilino recibirá una notificación por correo certificado donde le otorgarán un plazo de diez días para solucionar tal incumplimiento. Si el inquilino no soluciona tal violación, se considerará que ha cometido un incumplimiento del contrato y el propietario tendrá el derecho de terminarlo (este contrato).

Opción #4:
Notificación
Certificada al
Inquilino—
Soluciones
Provistas por Ley

INCUMPLIMIENTO Y SOLUCIONES. En caso de que el inquilino no cumpla con pagar la renta, viole cualquier de los términos de este contrato o abandone el local, el inquilino recibirá una notificación por correo certificado donde le otorgarán un plazo de diez días para solucionar tal incumplimiento. Si el inquilino no remedia tal violación quedará como que ha cometido un incumplimiento bajo este contrato y el propietario tendrá el derecho de remediar la situación de acuerdo a lo previsto por la ley.

Si tiene conocimiento de las soluciones que el estado propone a los propietarios y si éstas le favorecen a su posición, puede que usted decida utilizar la opción 5.

Opción #5:

INCUMPLIMIENTO Y SOLUCIONES. En caso de que el inquilino cometa un incumplimiento de los términos establecidos en este contrato, el propietario puede proceder como dispone la ley.

Notificación

Propósito   Tiene que haber una dirección de cada parte, a efectos de enviar notificaciones legales. (La notificación es una declaración oficial de una acción legal u orden legal. Se han perdido algunos casos a raíz de que una de las partes usó un domicilio equivocado cuando envío una notificación legal. Si su domicilio cambia, asegúrese de dar notificación por correo certificado.

> **NOTA:** *El inquilino no siempre puede utilizar el establecimiento como un domicilio legal para notificaciones, especialmente si la propiedad se usa como una pequeña sucursal y la casa central se encuentra en otro lugar.*

NOTIFICACIÓN. Cualquier notificación dada por las partes de este contrato será enviada por correo certificado en los siguientes domicilios o a otra dirección como se provee por escrito.

Propietario:_____

Inquilino:_____

Gravámenes Mecánicos o de Construcción

Propósito   Un gravámen o derecho de retención es una demanda puesta en contra de la propiedad por la cual el demandante puede tomar o vender la propiedad. Los gravámenes que demandan los trabajadores se denominan gravámenes mecánicos o de construcción, dependiendo de la situación.

La Posición del Propietario   El propietario desea asegurarse que ningún trabajo realizado en la propiedad ocasione un *gravámen* en contra de sus intereses.

La Posición del Inquilino   El inquilino generalmente no tiene ninguna objeción de esta cláusula.

Opción #1: Cláusula Expansiva—No Gravámenes Más Soluciones

GRAVÁMENES MECÁNICOS. El inquilino no tendrá poder o autoridad para crear o permitir que se acompañe un gravamen al presente estado, que se revierta del estado del propietario con relación a la unidad aquí arrendada; o sobre arreglos u otras mejoras del edificio y todo el material, hombres, contratistas, artistas, mecánicos y trabajadores y otras personas contratadas por el inquilino para trabajar en la unidad arrendada o cualquier parte de ésta, y por este medio se exhorta por notificación que ellos deben arreglar con el inquilino para asegurarse de cobrar cualquier factura por trabajos realizados o material suministrado o por cualquier otro propósito durante el término de este contrato. Si se acompaña algún gravamen o se hace una demanda por un gravamen en contra de la propiedad arrendada o del establecimiento en el cual el local es parte, o sobre el sitio donde el edificio se levanta, y no se libera por medio de pagos, bonos o de alguna otra manera dentro de los treinta días después de la notificación, el propietario tendrá la misma opción de pago o cancelación y el inquilino está de acuerdo en reembolsarle dicha cantidad rápidamente cuando el propietario lo demande.

Opción #2: No Gravámenes por Parte del Inquilino

GRAVÁMENES MECÁNICOS. El estado del propietario como tal, no estará sujeto a ningún gravamen por mejoras en el local contratadas por el inquilino.

Los Accesorios

Propósito   La titularidad de los *accesorios* instalados en el establecimiento deberán ser identificados. Los accesorios son artículos de propiedad personal que se instalan en un inmueble, por ejemplo: estantes, ventiladores de cielo raso y sistemas de aire acondicionado.

La Posición   Generalmente es por el interés del propietario establecer que los accesorios
del Propietario   instalados pasarán a ser parte de la propiedad.

Un inquilino puede gastar $50,000 arreglando un restaurante y si el equipo queda allí, el propietario tendrá una propiedad más valiosa para alquilar. Puesto que el quitar los accesorios casi siempre deja el inmueble en condiciones dañadas, por cualquier accesorio que se retire de la unidad se deberá reacondicionar la unidad.

La Posición   El inquilino querrá retirar todos sus accesorios cuando se vaya. Sin
del Inquilino   embargo, en la mayoría de los casos, los inquilinos no pueden pretender llevarse las cosas como accesorios eléctricos y plomería.

Si el inquilino debe la renta al propietario, cuando deja el inmueble, las leyes estatales pueden otorgarle un gravamen sobre los efectos que el inquilino ha traído al local, y el propietario puede conseguir que el alguacil confisque tales pertenencias del nuevo local.

En algunos casos el inquilino se da cuenta que el dinero puesto en la propiedad no se puede quitar. Las divisiones y accesorios instalados no valen mucho una vez que se quitan y el costo de mudarlos y reparar el inmueble puede ser mayor que su valor. No obstante, algunos equipos son muy caros y están diseñados para moverlos sin inconvenientes. No se pueden considerar del propietario por el solo hecho de haberlos traído al establecimiento. Como protección del contrato debería especificarse claramente qué queda en el local y qué se debe llevar. El inquilino puede pedir una enmienda especial en el contrato donde se listen los artículos que se quitarán al finalizar el contrato. Cuando se quitan esos accesorios deben rellenarse los agujeros de las paredes y acondicionar el local de la mejor manera.

Opción #1:
Los Accesorios que
Son del Propietario

ACCESORIOS. Cualquier accesorio instalado en el local será reconocido como propiedad del propietario y tales accesorios no se podrán quitar sin el específico consentimiento por escrito del Propietario.

Opción #2:
El Inquilino Puede
Quitar Algunos
Accesorios

ACCESORIOS. Cualquier accesorio instalado en el local por el inquilino permanecerá como propiedad del inquilino, siempre y cuando no hubiera incumplimiento de contrato durante el período de alquiler acordado, y considerando que al quitarlos el local deberá ser restaurado hasta quedar en la condición original. La luz, plomería, calefacción y equipos de aire acondicionado, ya sea que hayan sido instalados por el inquilino no serán desmontado, y pasarán a ser efectos del Propietario.

Opción #3:
El Inquilino Debe
Quitar Todos los
Accesorios

ACCESORIOS COMERCIALES. Todos los accesorios comerciales instalados en el local por el Inquilino deberán permanecer como sus pertenencias con la condición de que el inquilino no haya cometido incumplimiento bajo este contrato y que cuando los retire del local, retoque el inmueble hasta que quede en su condición original.

La Garantía

Propósito   Esta cláusula asegura que los términos del contrato se cumplirán.

La Posición *del Propietario*   Si un contrato es firmado por una corporación, el propietario generalmente querrá la garantía personal de los propietarios de la corporación. Una corporación que tenga pocas posesiones o ninguna, sin garantía personal puede no cumplir con el contrato sin penalidad. El propietario que firma un contrato con un inquilino desea asegurarse que los términos establecidos se cumplan y no querrá preocuparse del éxito de los negocios. Generalmente, una *garantía personal* de un contrato significa que el propietario personalmente arriesga sus propiedades. Si un comercio tiene un contrato de cinco años a $2,000 por mes y cierra al año, el propietario puede perseguir al inquilino por el resto de la renta que alcanzará la suma de $96,000.

La Posición *del Inquilino*   Generalmente, el inquilino no quiere arriesgar lo que tiene en su comercio. Si el negocio fracasa, él quiere salir sin tener futuras responsabilidades financieras. El punto de vista del inquilino es que no se considera responsable porque el propietario puede realquilar el local a alguien más.

En un mercado débil para la renta el propietario puede abstenerse de una garantía si el negocio aparenta ser bueno. Si el inquilino se niega a firmar una garantía el propietario puede aún aceptarlo ya que la renta de una corporación, por el tiempo que dure, es mejor que una unidad vacía.

GARANTÍA. En consideración de que el propietario acepta el presente contrato los firmantes conjunta y separadamente garantizan el pago completo y el cumplimiento de todas las obligaciones de inquilino bajo este contrato.

_____
Garante

_____
Garante

Cláusulas Misceláneas para el Propietario

Propósito   En varias situaciones cualquiera de estas cláusulas pueden resultar de gran utilidad para que se cumplan los objetivos del propietario u ofrecerle protección extra en contra de posibles problemas.

Cláusula #1

HORARIO. El inquilino deberá mantener mínimos horarios de negocio. De lunes a sábado de 10:00 a.m. a 5:00 p.m.

Esta cláusula puede ayudarle al inquilino para asegurarle el éxito en sus negocios y asegurar también el éxito de todos los negocios en un establecimiento, porque los mantiene abiertos a la misma hora. No es posible atraer clientes si sólo algunos de ellos están abiertos.

Cláusula #2

ABUSO DE PLOMERÍA. No se utilizará la plomería para ningún otro propósito que no sea para lo cual ha sido instalada, y no se deberá verter ninguna sustancia extraña en la misma. Los gastos de cualquier rotura, obstrucción o daño que resulte de una violación de este contrato será responsabilidad del inquilino.

La cláusula de arriba le proporciona un aviso extra para que el inquilino no abuse de la plomería. Sería de mucha utilidad para los inquilinos que son comerciantes y que puedan causar daños usando químicos tóxicos.

Cláusula #3

LAS RELACIONES ENTRE LAS PARTES. Nada de lo que contiene esta cláusula será juzgado o interpretado por las partes o por alguna tercera parte, como si se creara una relación de director y agente o una asociación de empresa colectiva entre las partes de este contrato; se entiende y se acuerda que ningún método de computación de renta o ninguna otra disposición contenida aquí, ni ningún acto de las partes, deberán considerarse para crear cualquier relación entre las partes del presente contrato, más que la relación entre el propietario y el inquilino.

Esta cláusula protege al propietario de cualquier demanda que alguien pueda tener en contra del inquilino. Por ejemplo, una persona que se intoxicó en un restaurante puede iniciar un juicio al propietario, si el inquilino no tiene dinero. Esta cláusula se usa generalmente en un contrato donde el alquiler se basa en porcentajes de ganancias, porque en tal caso la víctima puede argumentar que el propietario y el inquilino son socios.

Cláusula #4

MATERIALES PELIGROSOS. El inquilino no deseará que haya en el establecimiento ningún artículo de carácter explosivo, peligroso o inflamable que irrazonablemente puede aumentar el peligro de incendio en el inmueble o que puede considerarse peligroso o extra peligroso por cualquier compañía de seguros responsable.

Esta cláusula provee un aviso especial a los inquilinos para que no tengan ningún artículo peligroso en el establecimiento y le ayuda al propietario para cumplir con la póliza de seguros.

Cláusula #5

LIBERACIÓN DEL INQUILINO. Excepto como se provee en este párrafo, el inquilino no será liberado de causas voluntarias o involuntarias como: remoción de una escuela o transferencia, transferencia voluntaria o involuntaria de negocios, casamiento, divorcio, pérdida de co-inquilino, mala salud, voluntariamente registrado en los servicios de las fuerzas armadas o cualquier otra razón, a menos que se acuerde de otra manera por escrito con el propietario. No obstante, si el inquilino asegura otro inquilino que satisfaga al propietario, la responsabilidad financiera por la renta futura será reducida de la suma de las rentas recibidas actualmente de tal reemplazo. Si el inquilino renuncia al derecho de asegurar un reemplazo satisfactorio, él puede asegurar una liberación de responsabilidad financiera por el balance del contrato pagando una suma igual a _____meses de renta y la perdida de su depósito de seguridad. Las notificaciones deben otorgarse con 30 días de anticipación por escrito. Si el inquilino es miembro de las Fuerzas Armadas en servicio extendido activo y recibe cambio de servicio que le ordena a mudarse del área local, el inquilino puede terminar este contrato dando 30 días de notificación por escrito, considerando que el inquilino no está en falta de ningún término del contrato. En tal caso el inquilino está de acuerdo de proporcionarle al propietario con una copia de las órdenes oficiales recibidas garantizando la terminación de este contrato. (Conforme a la presente, las órdenes militares autorizando residencia de base NO constituyen órdenes de cambio de obligaciones). En caso de transferencia por empleo, del presente empleador a una ubicación no menor de 50 millas desde el área local, el inquilino debe terminar este acuerdo dándole 30 días de notificación con una copia notariada de las órdenes oficiales del empleador del inquilino. Se acuerda que en el caso de transferencia, el inquilino renunciará al reembolso del deposito de seguridad, pero será financieramente responsable por la devolución de la unidad en condiciones impecables, etc. por el acuerdo de los términos del depósito de seguridad. La transferencia por cambio de empleo no se aplicará si el término del contrato es por 12 meses y se ha cumplido un mínimo de seis meses de residencia.

La cláusula 5 está designada a detallar claramente cuándo el inquilino puede liberarse de las obligaciones de un contrato y qué penalidades se deben imponer. Esta cláusula particular se relaciona con un contrato residencial de una unidad ubicada en un área cerca de una base militar, pero se puede modificar como sea necesario en su situación. Nuevamente, asegúrese de revisar las leyes locales por cualquier restricción en tales disposiciones.

Cláusulas Misceláneas para el Inquilino

Cláusula #1

DERECHO A REMEDIAR. En caso de que el inquilino violara cualquiera de los términos de este contrato, el propietario enviará una notificación de tal incumplimiento por correo certificado y el inquilino tendrá 10 días luego de haber recibido tal notificación para remediar el incumplimiento.

Esta cláusula protege al inquilino asegurando que si el propietario reclama esa violación, el inquilino será notificado por escrito y le dará una oportunidad para corregirlo.

El propietario deberá insistir luego de la inclusión de la siguiente oración en la cláusula, aunque ésta no sería en el interés del propietario.

En caso de que la notificación se retorne por falta de reclamo, el derecho de tal notificación será diferido.

Cláusula #2

LIBERACIÓN DEL INQUILINO. Sujeto a las disposiciones de este párrafo El inquilino será liberado de causas tales como negocios involuntarios o transferencias militares, o inducción involuntaria de los servicios de las fuerzas armadas. Si el inquilino asegura un reemplazo de inquilino que satisfaga al propietario, la responsabilidad de la futura renta por parte del inquilino se reducirá de las sumas de rentas que actualmente se recibieron de tal reemplazo. Si el inquilino difiere el derecho de asegurar un reemplazo satisfactorio, él puede asegurar la liberación de responsabilidad por el balance del contrato pagando una suma igual a un mes de renta. Todas las notificaciones de transferencia serán otorgadas al menos 30 días por adelantado por escrito. Si el inquilino es miembro de las Fuerzas Armadas en cumplimiento activo de servicio, recibe una orden de cambio de función y debe dejar el área local, el inquilino puede terminar este contrato dándole una notificación por escrito de 30 días de plazo. En tal caso, el inquilino está de acuerdo en proporcionarle al propietario con una copia de la orden oficial que garantiza la terminación del contrato. En caso de transferencia por empleo de un empleo actual a un nuevo empleo ubicado al menos 20 millas del área local, el inquilino puede terminar este acuerdo dándole 30 días de plazo por medio de una notificación por escrito junto con una copia notariada de la orden oficial del empleador del inquilino.

Si usted tiene razón para creer que puede estar sujeto a una transferencia por empleo o servicio militar durante el término del contrato de alquiler, querrá tener la cláusula 2 o una disposición similar en su contrato.

10 CONTRATOS POR ESPACIO EN DEPÓSITOS

Debido a que el riesgo financiero es menor para ambas partes, un contrato por espacio en un depósito puede ser mucho más simple que para una residencia o negocio. Por la misma razón esos contratos generalmente no están cubiertos por muchas leyes. Sin embargo, algunos estados les ofrecen a los propietarios gravámenes especiales o procedimientos de desalojo rápido.

Aunque la suma que se maneja es pequeña, el propietario tiene el objetivo principal de querer cobrar. Por lo tanto el propietario querrá tener la posibilidad de sacar al inquilino rápidamente en caso de incumplimiento y cargar gravámenes sobre la propiedad del inquilino en caso de que no pagase la renta. Adicionalmente, el propietario querrá que no se guarden materiales peligrosos en los espacios de un depósito.

La preocupación más importante del inquilino es que no pierda su contrato (o propiedad) sin ninguna notificación. Si, por ejemplo un inquilino tiene guardadas sus pertenencias mientras viaja y se le pierde en el correo un cheque destinado a pagar la renta, sin ser un incumplimiento del inquilino, obviamente, no querrá que se le pierdan o le vendan sus pertenencias que han estado guardadas en el depósito.

Idealmente un inquilino desearía recibir notificación por correo certificado antes que un incumplimiento sea declarado. De ese modo si un cheque no fuera recibido por alguna razón el inquilino podría tener la opción de volver a enviarlo. En la medida de las posibilidades el inquilino debería solicitar que pusieran esa cláusula en el contrato. El alquiler de un espacio en un depósito, como otros contratos de renta son generalmente provistos por el propietario y probablemente el inquilino no tenga mucho poder para negociar. Quizás no sea aceptable. En tal caso él (la) inquilino(a) puede protegerse ya sea pagando la renta por adelantado o que un amigo o pariente controle el estatus de la renta.

Usted encontrará dos contratos simples de renta de un espacio en un depósito incluidos en el Apéndice B. Uno es por un término fijo y el otro mes a mes. Para hacerlo más complicado un propietario puede adaptar algunas de las cláusulas de los Capítulos 7 y 9.

Para la protección que se explicó anteriormente, el inquilino puede pedir que el propietario incluya la siguiente cláusula en el contrato:

NOTIFICACIÓN. En caso de que el inquilino cometiera un incumplimiento de este contrato, el inquilino deberá recibir una notificación por correo certificado que le permita remediarlo dentro de los diez días.

GLOSARIO

A

abandono. Entrega de la posesión de un inmueble o bienes raíces y otorgándosela nuevamente al propietario.

abandono o cesión. Renunciar a todos los derechos de propiedad que uno pueda tener, de manera que satisfaga los requerimientos legales.

acceso. El derecho que el propietario tiene para entrar en la propiedad cuando está alquilada.

accesorios o instalación fija. Elementos de propiedad personal los cuales han sido instalados en una propiedad inmueble para luego ser considerados legalmente como parte del mismo.

adicional. Honorarios innecesarios agregados a una cuenta.

ajuste de alquiler o arriendo. El incremento o disminución de la renta basado en regulaciones externas.

arrendador. El propietario en un contrato de arriendo.

C

cláusula separativa.   La habilidad para ejecutar un documento legal aún si una parte de éste es declarada ilegal.

continuación o permanencia.   Cuando el inquilino no deja la vivienda vacante en el momento de finalización del término legal de arriendo.

contrato de arriendo o alquiler.   Un acuerdo por el uso de bienes raíces por determinado tiempo.

D

de mala fe.   Implica o involucra fraude, falsificación, decepción o negarse a cumplir con una obligación.

depósito de seguridad.   Una suma de dinero que el inquilino le paga a un propietario para garantizarle su buen comportamiento con referencia a los términos del contrato.

derecho de vía o de paso.   El derecho legal que tiene una parte para efectuar cierto uso de una porción de la propiedad de otra persona.

desalojo.   El procedimiento legal para sacar un inquilino de la propiedad que alquila.

desmedido.   Cuando una disposición en un contrato es considerada ofensiva para la justicia y el juez lo declara ilegal.

dominio eminente o supremo.   Derechos que una entidad gubernamental tiene para tomar una propiedad privada como pago de una justa compensación.

E

estatuto.   Una ley que pasa el estado o el gobierno federal.

F

fideicomiso.   Un arreglo en el cual una parte mantiene el derecho (incluyendo administración) sobre cierta propiedad de otra persona, para beneficiarle guardando confidencialidad de la posesión (entre otras razones).

G

garantía o fianza.   Un acuerdo para pagar la obligación de otro.

garantía personal.   La promesa de un individuo de ser responsable por las deudas de una compañía.

gravamen o derecho de retención.   Un reclamo en contra de una pieza o propiedad la cuál se refleja en el título de la propiedad.

I

incumplimiento.   Cometer acatos que violen los términos de un pacto de renta.

indemnización.   Dinero que se paga como restitución de un acto ilícito.

inquilino.   La persona que renta o alquila una propiedad de otra persona.

inquilino o arrendatario.   El inquilino en un contrato de alquiler o arriendo.

J

juicio.   Una resolución de la corte para decidir los derechos de las partes presentadas ante ésta.

L

liberación.   Cuando se exime a alguien de la obligación legal o financiera.

M

mercado débil.   Una indicación en el mercado de las rentas en la que hay muchas propiedades disponibles y pocos posibles inquilinos.

N

negligencia.   Incapacidad de actuar en la forma requerida por la ley.

notificación.   Notificación formal de una situación legal.

O

obligación excesiva.   Una obligación requerida que es mayor de lo que podría necesitarse.

obligación o responsabilidad.   La obligación para pagar por algo como un daño.

opción.   Un derecho legal para hacer algo así como extender un contrato o comprar la propiedad.

ordenanza.   Una ley impuesta por un municipio, ciudad u otro gobierno municipal.

P

pacto o convenio.   Un acuerdo o marco dentro de un acuerdo.

pacto o convenio de alquiler.   Un acuerdo por el uso de un inmueble o bienes raíces, usualmente establecido mes a mes.

período de gracia.   Un período de tiempo durante el cual se le puede permitir a una parte que esté violando un acuerdo sin aplicársele consecuencias legales.

predio, establecimiento, unidad o local.   La superficie de la unidad que el propietario tiene derecho a utilizar.

propietario.   El dueño de una propiedad la cual ha sido rentada o está bajo contrato con otra persona.

prorrateo.   La división de algunos gastos entre dos partes usualmente hasta determinada fecha.

prueba judicial.   Una situación en la cual un juicio en contra de alguien no puede ser llevado a cabo.

R

registro. El registro de los intereses en bienes raíces que se hace ante una agencia gubernamental que está a cargo de mantener esas anotaciones.

reglamentación urbanística. Regulaciones gubernamentales acerca del uso de bienes raíces.

renovación. Empezar nuevamente un contrato luego de su expiración.

renta o alquiler. La suma de pago requerida por el uso de la propiedad, la cual usualmente no incluye otros cargos como las utilities.

renuncia. Renuncia o abandono de un derecho legal.

S

subarriendo. Un acuerdo en el que un nuevo inquilino arrendará una unidad a un inquilino existente.

subordinación. La renuncia a los derechos legales en condescendencia a la otra parte.

T

tasación. Un gravamen especial impuesto a una propiedad basado usualmente sobre alguna mejora que beneficie a la propiedad.

término. El período de tiempo de un pacto de alquiler o un contrato.

traspaso o transferencia. Transferir a otra persona los derechos y obligaciones que se hayan establecido en un contrato.

Proteja a Su Familia en Contra del Plomo en Su Casa

EPA Agencia de Protección Ambiental de los Estados Unidos (EPA)

Comisión de Seguridad de los Productos de Consumo de los Estados Unidos (CPSC)

Departamento de Desarrollo Urbano y de la Vivienda de los Estados Unidos (HUD)

U.S. EPA Washington DC 20460
U.S. CPSC Washington DC 20207
U.S. HUD Washington DC 20410

EPA747-K-01-001
November 2001

¿Está planeando comprar, alquilar o renovar una casa que se construyó antes de 1978?

Muchas casas y apartamentos construidos antes de 1978 tienen pintura que contiene altos niveles de plomo (llamada pintura con base de plomo). El plomo en la pintura, las partículas y el polvo puede ser un riesgo grave para la salud si no se atiende apropiadamente.

La ley federal requiere que las personas reciban cierta información antes de alquilar, comprar o renovar viviendas construidas antes de 1978:

LOS PROPIETARIOS tienen que revelar la información que posean acerca de la pintura con base de plomo y los riesgos relacionados con la misma antes de realizar el alquiler. Los contratos de alquiler deben incluir un formulario de divulgación acerca de la pintura con base de plomo.

LOS VENDEDORES tienen que divulgar la información que posean acerca de la pintura con base de plomo y los riesgos relacionados con la misma antes de vender una casa. Los contratos de venta deben incluir un formulario de información acerca de la pintura con base de plomo. Los compradores tienen un plazo de 10 días para revisar si existen riesgos relacionados con el plomo.

LOS RENOVADORES tienen que darle este folleto antes de comenzar el trabajo.

SI DESEA MÁS INFORMACIÓN acerca de estos requisitos, llame a la National Lead Information Center (Centro Nacional de Distribución de Información sobre Plomo) al **1-800-424-LEAD (424-5323)**.

¡IMPORTANTE!

El plomo de la pintura, del polvo y de la tierra puede ser peligroso si no se atiende apropiadamente

ES CIERTO QUE: La exposición al plomo puede hacerle daño a los niños pequeños y a los bebés aun antes del nacimiento.

ES CIERTO QUE: Aun los niños que parecen sanos pueden tener altos niveles de plomo en sus organismos.

ES CIERTO QUE: El plomo puede entrar en el organismo al inhalar o tragar polvo de plomo, o al comer tierra o partículas de pintura que contengan plomo.

ES CIERTO QUE: Las personas tienen muchas opciones para reducir los riesgos relacionados con el plomo. En la mayoría de los casos, la pintura con base de plomo que esté en buenas condiciones no es peligrosa.

ES CIERTO QUE: Remover incorrectamente la pintura con base de plomo puede aumentar los riesgos para su familia.

Si cree que su casa podría tener algún riesgo relacionado con el plomo, lea este folleto para aprender algunos pasos sencillos para proteger a su familia.

1

El plomo entra al organismo de muchas maneras

El envenenamiento infantil con plomo continúa siendo un gran problema de salud ambiental en los Estados Unidos.

Aun los niños que parecen sanos pueden tener niveles peligrosos de plomo en sus organismos.

El plomo puede entrar en el organismo si:

◆ Inhalan el polvo de plomo (especialmente durante las renovaciones que alteran las superficies pintadas).

◆ Se llevan a la boca las manos u otros objetos cubiertos con polvo de plomo.

◆ Comen partículas de pintura o tierra que contiene plomo.

El plomo es aún más peligroso para los niños que para los adultos ya que:

◆ El cerebro y el sistema nervioso de los niños son más sensibles a los efectos dañinos del plomo.

◆ El cuerpo en crecimiento de los niños absorbe más plomo.

◆ Los bebés y los niños pequeños se llevan las manos y otros objetos a la boca con frecuencia. Dichos objetos pueden estar cubiertos de polvo que contiene plomo.

2

Los efectos del plomo

Si no se detectan pronto, los niños que tienen niveles altos de plomo en sus organismos pueden sufrir:

◆ Daños al cerebro y al sistema nervioso

◆ Problemas de conducta y aprendizaje (tal como hiperactividad)

◆ Crecimiento retrasado

◆ Problemas de audición

◆ Dolores de cabeza.

El plomo también es dañino para los adultos. Éstos pueden padecer:

◆ Dificultades durante el embarazo

◆ Otros problemas del sistema reproductor (tanto los hombres como las mujeres)

◆ Presión alta

◆ Problemas digestivos

◆ Padecimientos nerviosos

◆ Problemas con la memoria y la concentración

◆ Dolores musculares y de las articulaciones.

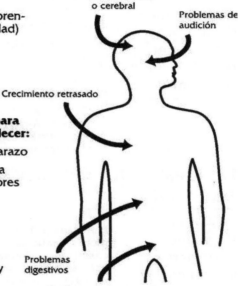

Daño nervioso o cerebral

Problemas de audición

Crecimiento retrasado

Problemas digestivos

Problemas del sistema de reproducción (adultos)

El plomo afecta al organismo de muchas maneras.

3

Dónde se encuentra la pintura con base de plomo

Generalmente, entre más vieja sea su casa, la posibilidad de que tenga pintura con base de plomo será mayor.

Muchas viviendas construidas antes de 1978 tienen pintura con base de plomo. El gobierno federal prohibió la pintura con base de plomo en las viviendas en 1978. Algunos estados dejaron de usarla aun antes. El plomo puede encontrarse en:

◆ Casas en la ciudad, el campo o los suburbios.

◆ En apartamentos, casas y viviendas privadas o públicas.

◆ Dentro y fuera de la casa.

◆ En la tierra alrededor de la casa. (La tierra puede recoger plomo de la pintura exterior u otras fuentes tales como la gasolina con plomo que se usaba en el pasado, en los automóviles.)

Para realizarle exámenes de plomo a su familia

Haga que examinen a sus niños y su casa si cree que ésta tiene niveles altos de plomo.

Para reducir la exposición de sus niños al plomo, realícele un examen a su niño y a su casa (especialmente si la pintura de su casa está en malas condiciones y se construyó antes de 1978), y arregle los riesgos que puedan existir. El nivel de plomo en la sangre de los niños tiende a incrementarse con rapidez entre los 6 y 12 meses de edad, y tiende a llegar al nivel más alto entre los 18 y 24 meses de edad.

Consulte a su médico para que le aconseje cómo examinar a sus niños. Un sencillo análisis de sangre puede detectar el nivel alto de plomo. Los análisis de sangre se recomiendan generalmente a:

◆ Los niños de 1 y 2 años de edad.

◆ Los niños u otros miembros de la familia que hayan estado expuestos a niveles altos de plomo.

◆ Los niños que deben examinarse bajo el plan local o estatal de exámenes médicos.

Su médico puede explicarle los resultados de las pruebas y decirle si es necesario realizar más análisis.

Identificando los peligros del plomo

La pintura con base de plomo generalmente no es peligrosa si está en buenas condiciones, y no lo es en una superficie de impacto o fricción, como una ventana. El gobierno federal lo define como la pintura con niveles de plomo superiores o iguales a 1.0 miligramos por centímetro cuadrado, o más de 0.5% de peso.

La pintura con base de plomo deteriorada (descascarándose, picándose, pulverizándose o partiéndose) es un riesgo y necesita atención inmediata. También puede ser un riesgo si se encuentra en superficies que los niños puedan morder o que reciban mucho desgaste. Estas áreas incluyen:

◆ Ventanas y marcos.

◆ Puertas y marcos.

◆ Escaleras, pasamanos, barandas y patios.

> Tanto el plomo de las partículas de pintura que se pueden ver, como el polvo de plomo, el cual no siempre se puede ver, pueden ser un grave peligro.

El **polvo de plomo** puede formarse al lijar o raspar en seco o al calentar la pintura con base de plomo. También puede formarse el polvo cuando las superficies pintadas se golpean o frotan entre sí. Las partículas y el polvo que contienen plomo pueden acumularse en superficies y objetos que las personas tocan. El polvo de plomo que se ha posado puede volver a mezclarse con el aire cuando las personas aspiran, barren o caminan sobre el mismo. Se han establecido las siguientes dos normas federales para los riesgos de plomo en el polvo:

◆ 40 microgramos por pie cuadrado (μg/pie^2) y más alto en los pisos, incluyendo los pisos alfombrados.

◆ 250 μg/pie^2 y más alto en las repisas de las ventanas.

El **plomo en la tierra** puede ser un riesgo al jugar los niños en tierra descubierta o cuando las personas meten tierra en la casa con los zapatos. Las siguientes dos normas federales se han establecido para los riesgos de plomo en la tierra de las residencias:

◆ 400 partes por millón (ppm) y más alto en las áreas de juego de tierra descubierta.

◆ 1,200 ppm (promedio) y más alto en la tierra descubierta del resto del jardín.

La única forma de descubrir si existen riesgos de plomo en la pintura, el polvo y la tierra es realizando pruebas. La página siguiente describe los métodos más comúnmente usados.

5

Para revisar si su casa tiene plomo

Saber que su casa tiene pintura con base de plomo podría no decirle si hay peligro.

Usted puede hacer que examinen si hay algún riesgo relacionado con el plomo en su casa de una de dos maneras, o de ambas maneras:

◆ Una **inspección** de la pintura le dará el contenido de plomo de cada tipo diferente de superficie pintada en su casa. No le dirá si la pintura es un riesgo o cómo deberá atenderla.

◆ Una **evaluación de riesgo** le dirá si existe alguna fuente grave de exposición al plomo (tal como pinturas descascarándose y polvo que contiene plomo). También le dirá qué acciones debe realizar para atacar estos riesgos.

Contrate a un profesional certificado, bien capacitado que usará una variedad de métodos confiables al examinar su casa, tales como.

◆ Inspección visual de las condiciones y la ubicación de la pintura.

◆ Una máquina portátil de fluorescencia por rayos X (XRF).

◆ Pruebas de laboratorio de las muestras de la pintura, el polvo y la tierra.

Existen normas establecidas para garantizar que el trabajo se realice de modo seguro, confiable y con eficacia. Comuníquese con el programa estatal para la prevención del envenenamiento con plomo para obtener más información. Llame al **1-800-424-LEAD** para obtener una lista de contactos en su área.

Los estuches caseros para pruebas de plomo están disponibles, pero puede ser que no siempre sean precisos. Los consumidores no deben atenerse a estas pruebas antes de hacer renovaciones o para garantizar la seguridad.

Lo que puede hacer ahora para proteger a su familia

Si sospecha que su casa tiene algún riesgo relacionado con el plomo, puede tomar algunas medidas inmediatas para reducir el riesgo a su familia:

◆ **Si alquila la casa, infórmele al propietario si hay pintura descascarándose o picándose.**

◆ **Limpie inmediatamente las partículas de pintura.**

◆ **Limpie semanalmente los pisos, los marcos de ventanas, los alféizares y las demás superficies.** Use un trapeador o una esponja con agua tibia y un limpiador para usos múltiples o uno hecho específicamente para plomo. RECUERDE: NUNCA MEZCLE PRODUCTOS DE AMONÍACO CON BLANQUEADORES YA QUE PUEDEN FORMAR GASES PELIGROSOS.

◆ **Enjuague completamente las esponjas y los trapeadores después de limpiar áreas sucias o con polvo.**

◆ **Lávele con frecuencia las manos a los niños, especialmente antes de que coman, antes de las siestas y antes de irse a dormir.**

◆ **Mantenga limpias las áreas de juego.** Lave con regularidad los biberones, chupones, juguetes y animales de peluche.

◆ **No permita que los niños muerdan los marcos de las ventanas ni las demás superficies pintadas.**

◆ **Límpiese o quítese los zapatos antes de entrar a la casa para evitar meter el plomo de la tierra.**

◆ **Asegúrese de que los niños coman alimentos nutritivos, bajos en grasa y altos en hierro y calcio,** tales como las espinacas y los productos lácteos. Los niños con una dieta buena absorben menos plomo.

Cómo reducir los riesgos relacionados con el plomo en el hogar

Remover incorrectamente la pintura con plomo puede aumentar el riesgo para su familia ya que esparce aún más el polvo de plomo en la casa.

Siempre use los servicios de un profesional que esté capacitado para remover plomo de modo seguro.

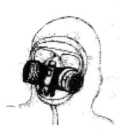

Además de la limpieza diaria y la buena nutrición:

◆ Usted puede reducir **temporalmente** los riesgos relacionados con el plomo tomando medidas como la reparación de las superficies pintadas que estén dañadas y plantar césped para cubrir la tierra que tiene niveles altos de plomo. Estas medidas (llamadas "controles provisionales") no son soluciones permanentes y necesitarán atención continua.

◆ Para remover **permanentemente** los riesgos relacionados con el plomo, usted debe contratar a un contratista certificado para que "remueva" el plomo. Los métodos para remover (o eliminar permanentemente el peligro) incluyen la eliminación, el sellado o revestimiento de la pintura con base de plomo con materiales especiales. El pintar simplemente sobre el riesgo con una pintura común no lo remueve permanentemente.

Siempre contrate a una persona con capacitación especial en la corrección de los problemas con plomo—alguien que sepa cómo realizar este trabajo en forma segura y que tenga el equipo apropiado para limpiar minuciosamente. Los contratistas certificados contratarán trabajadores calificados y seguirán reglas estrictas de seguridad según lo dicta el estado o el gobierno federal.

Una vez que se termine el trabajo, deben repetirse las actividades de limpieza del polvo hasta que las pruebas indiquen que los niveles de plomo están por debajo de:

◆ 40 microgramos por pie cuadrado ($\mu g/pie^2$) en los pisos, incluyendo los pisos alfombrados;

◆ 250 $\mu g/pie^2$ y más alto en las repisas de las ventanas y

◆ 400 $\mu g/pie^2$ en los canales de la ventana.

Llame a su agencia local (vea la página 11) para obtener ayuda para localizar contratistas certificados en su localidad y para enterarse si hay ayuda financiera disponible.

Remodelación o renovación de una casa que tiene pintura con base de plomo

Tome medidas de precaución antes de que el contratista o usted comience la remodelación o cualquier renovación que alterará las superficies pintadas (tales como el raspado de la pintura o la demolición de paredes):

◆ **Haga que examinen el área por si hay pintura con base de plomo.**

◆ **No use una lijadora de correa, un soplete de gas propano, una pistola de calor, un raspador seco o papel para lijar en seco** para remover la pintura con base de plomo. Estas acciones pueden crear grandes cantidades de gases y polvo que contiene plomo. El polvo que contiene plomo puede permanecer en su hogar mucho tiempo después de finalizar el trabajo.

◆ **Mude temporalmente a su familia** (especialmente los niños y las mujeres embarazadas) a otro sitio fuera del apartamento o la casa hasta que se termine el trabajo y el área se limpie correctamente. Si no puede cambiar de lugar a su familia, por lo menos selle completamente el área de trabajo.

◆ **Siga otras medidas de seguridad para reducir el riesgo relacionado con el plomo.** Usted puede encontrar información acerca de otras medidas de seguridad llamando al 1-800-424-LEAD. Pida el folleto "Reducing Lead Hazards When Remodeling Your Home (Reducción de los riesgos relacionados con el plomo al remodelar su casa)". Este folleto le explica qué hacer antes, durante y después de las renovaciones.

Si no se realizan correctamente, ciertos tipos de renovación pueden liberar el plomo de la pintura y el polvo al aire.

Si ya terminó las renovaciones o la remodelación de su casa y existe la posibilidad de que se haya emitido pintura o polvo con base de plomo, haga que examinen a sus niños pequeños y siga los pasos que se indican en la página 7 de este folleto.

9

Otras fuentes de plomo

Aunque la pintura, el polvo y la tierra tienen los riesgos relacionados con plomo más comunes, existen también otras fuentes de plomo.

◆ **El agua potable.** Su casa podría tener tuberías de plomo o con soldadura de plomo. Llame al departamento local de salud o al proveedor de agua para averiguar cómo examinar el agua. El plomo no puede verse, olerse ni tiene sabor, y el hervir el agua no eliminará el plomo. Si cree que sus tuberías tienen plomo:

  • Use agua fría para beber y cocinar.

  • Deje correr el agua durante 15 a 30 segundos antes de beberla, especialmente si no se ha usado el agua durante algunas horas.

◆ **El trabajo.** Si trabaja con plomo, podría traerlo a su casa en las manos o en la ropa. Báñese y cámbiese la ropa antes de volver a casa. Lave la ropa de su trabajo por separado del resto de la ropa de la familia.

◆ **Los juguetes** y **muebles** viejos pintados.

◆ Alimentos y líquidos almacenados en **cristal de plomo** o **cerámica** o **porcelana con esmalte de plomo**.

◆ **Los hornos de fundición de plomo** u otras industrias que emiten plomo al aire.

◆ **Los pasatiempos** que usan plomo, tales como los cacharros, cerámicas, pinturas y tintes, pintar en vidrio o refinar muebles.

◆ **Los remedios** caseros que contengan plomo, tales como "greta" y "azarcón" que se usan para tratar padecimientos estomacales.

Para obtener más información

Centro Nacional de Información Sobre el Plomo

Llame al **1-800-424-LEAD (424-5323)** para averiguar cómo proteger a los niños del envene-namiento por plomo y para otra información sobre los riesgos relacionados con el plomo. Para acceder a información acerca del plomo mediante la red mundial de Internet, visite **www.epa.gov/lead** y **www.hud.gov/offices/lead.**

Para las personas con impedimentos auditivos, llame al Servicio Federal de Retransmisión de Información al **1-800-877-8339** y pida el Centro Nacional de Información sobre el Plomo al **1-800-424-LEAD.**

Línea directa de agua potable segura de EPA

Llame al **1-800-426-4791** para obtener información acerca del agua potable.

Línea directa de la Comisión de seguri-dad de los productos de consumo (CPSC)

Para pedir información relacionada con el plomo en los productos de consumo, o para denunciar un producto de con-sumo inseguro o una lesión relacionada con un producto llame al **1-800-638-2772** o visite el sitio de Internet de CPSC: **www.cpsc.gov.**

Agencias del Medio Ambiente y de Salud

Algunas ciudades, estados y tribus tienen sus propias reglas para las actividades relacionadas con pintura con base de plomo. Consulte con su agencia estatal para ver si existen leyes estatales o locales que le correspondan. La mayoría de las agencias estatales también pueden proporcionarle información para con-seguir una compañía para remover la pintura con plomo en su área, y para conseguir posibles fuentes de ayuda financiera para la reducción de los riesgos relacionados con el plomo. Reciba la última información en direcciones y números telefónicos de con-tactos locales o estatales por Internet en **www.epa.gov/lead** o comuníquese con el Centro Nacional de Información sobre el Plomo al **1-800-424-LEAD.**

Oficinas Regionales de la Agencia de Protección Ambiental (EPA)

Su oficina regional de EPA puede proporcionarle más información relacionada con las regulaciones y los programas de protección contra el plomo.

Oficinas Regionales de EPA

Región 1 (Connecticut, Massachusetts, Maine, New Hampshire, Rhode Island, Vermont)

> Contacto regional para el plomo
> U.S. EPA Region 1
> Suite 1100 (CPT)
> One Congress Street
> Boston, MA 02114-2023
> 1 (800) 372-7341

Región 2 (New Jersey, New York, Puerto Rico, Virgin Islands)

> Contacto regional para el plomo
> U.S. EPA Region 2
> 2890 Woodbridge Avenue
> Building 209, Mail Stop 225
> Edison, NJ 08837-3679
> (732) 321-6671

Región 3 (Delaware, Maryland, Pennsylvania, Virginia, Washington DC, West Virginia)

> Contacto regional para el plomo
> U.S. EPA Region 3 (3WC33)
> 1650 Arch Street
> Philadelphia, PA 19103
> (215) 814-5000

Región 4 (Alabama, Florida, Georgia, Kentucky, Mississippi, North Carolina, South Carolina, Tennessee)

> Contacto regional para el plomo
> U.S. EPA Region 4
> 61 Forsyth Street, SW
> Atlanta, GA 30303
> (404) 562-8998

Región 5 (Illinois, Indiana, Michigan, Minnesota, Ohio, Wisconsin)

> Contacto regional para el plomo
> U.S. EPA Region 5 (DT-8)
> 77 West Jackson Boulevard
> Chicago, IL 60604-3666
> (312) 886-6003

Región 6 (Arkansas, Louisiana, New Mexico, Oklahoma, Texas)

> Contacto regional para el plomo
> U.S. EPA Region 6
> 1445 Ross Avenue, 12th Floor
> Dallas, TX 75202-2733
> (214) 665-7577

Región 7 (Iowa, Kansas, Missouri, Nebraska)

> Contacto regional para el plomo
> U.S. EPA Region 7
> (ARTD-RALI)
> 901 N. 5th Street
> Kansas City, KS 66101
> (913) 551-7020

Región 8 (Colorado, Montana, North Dakota, South Dakota, Utah, Wyoming)

> Contacto regional para el plomo
> U.S. EPA Region 8
> 999 18th Street, Suite 500
> Denver, CO 80202-2466
> (303) 312-6021

Región 9 (Arizona, California, Hawaii, Nevada)

> Contacto regional para el plomo
> U.S. EPA Region 9
> 75 Hawthorne Street
> San Francisco, CA 94105
> (415) 947-4164

Región 10 (Alaska, Idaho, Oregon, Washington)

> Contacto regional para el plomo
> U.S. EPA Region 10
> Toxics Section WCM-128
> 1200 Sixth Avenue
> Seattle, WA 98101-1128
> (206) 553-1985

Oficinas Regionales de CPSC

Su oficina regional de CPSC puede proporcionarle más información relacionada con los reglamentos y la seguridad de los productos de consumo.

Centro Regional del Este
Consumer Product Safety Commission
201 Varick Street, Room 903
New York, NY 10014
(212) 620-4120

Centro Regional del Oeste
Consumer Product Safety Commission
1301 Clay Street, Suite 610-N
Oakland, CA 94612
(510) 637-4050

Centro Regional Central
Consumer Product Safety Commission
230 South Dearborn Street, Room 2944
Chicago, IL 60604
(312) 353-8260

Oficina de Asuntos Relacionados Con el Plomo de HUD

Comuníquese con la Oficina de control de riesgos relacionados con el plomo y hogares saludables para obtener más información acerca de los reglamentos relacionados con el plomo, esfuerzos de alcance comunitario y los programas de control de los riesgos relacionados con el plomo y estipendios para investigación.

Departamento de Desarrollo Urbano y de la Vivienda de los Estados Unidos (HUD)
U.S. Department of Housing and Urban Development
Office of Healthy Homes and Lead Hazard Control
451 Seventh Street, SW, P-3206
Washington, DC 20410
(202) 755-1785

Pasos sencillos para proteger a su familia en contra de los riesgos relacionados con el plomo

Si cree que su casa tiene niveles altos de plomo:

◆ Haga que examinen a sus niños pequeños para determinar el nivel de plomo, incluso si parecen estar saludables.

◆ Lávele con frecuencia las manos a los niños, los biberones, los chupones y los juguetes.

◆ Asegúrese de que los niños coman alimentos nutritivos y bajos en grasa.

◆ Haga que examinen su casa para descubrir riesgos relacionados con el plomo.

◆ Limpie con regularidad los pisos, los marcos de las ventanas y las demás superficies.

◆ Limpie la tierra de los zapatos antes de entrar en su casa.

◆ Hable con el propietario para que le arregle las superficies con pintura descascarada o picada.

◆ Tome medidas para evitar la exposición al polvo que contiene plomo al remodelar o renovar su casa (llame al 1-800-424-LEAD para obtener consejo).

◆ No use lijadoras de banda, sopletes de gas propano, pistolas de calor, raspadores en seco ni lijas de papel en seco en las superficies pintadas que pudieran tener plomo.

◆ No trate de remover usted mismo la pintura con base de plomo.

APÉNDICE B: FORMULARIOS EN BLANCO EN ESPAÑOL

Esta sección incluye formularios que pueden utilizarse en muchas situaciones. Tenga presente que éstos son formularios generales y no todas las cláusulas puedan satisfacer sus necesidades particulares. Se le recomienda leerlos cuidadosamente y también que lea la explicación de cada cláusula en este libro. Tal como se menciona en otras partes de este libro, hay leyes locales que pueden invalidar su contrato. Por lo cual, es aconsejable comparar entre el valor del dinero que usted pone en riesgo al rentar la propiedad y el costo de los honorarios de un abogado para que le revise el suyo. Así mismo, debería conocer cuáles son las leyes acerca de arriendos que se utilizan en su área. Es de gran ayuda tener copias de los contratos publicados por la Asociación de Agentes de Bienes Raíces®.

Aunque usted quisiera rehacer su propio contrato, los siguientes formularios se pueden copiar para utilizarlas.

SOLICITUD DE ALQUILER

Nombre_____ Fecha de Nacimiento _____

Nombre_____ Fecha de Nacimiento _____

No. de Seguro Social _____

No. de Licencia de Conducir _____

Niños y edades _____

Actual Propietario_____ No. de Teléfono _____

Domicilio_____ ¿Cuánto tiempo? _____

Propietario Anterior_____ No. de Teléfono _____

Domicilio _____

Segundo Propietario Anterior_____ No. de Teléfono _____

Domicilio _____

Pariente Cercano_____ No. de Teléfono _____

Domicilio _____

Empleador_____ No. de Teléfono _____

Domicilio _____

Segundo Empleador del Solicitante_____ No. de Teléfono _____

Domicilio _____

Animales Domésticos _____

Otras personas que estarán en la propiedad por más de una semana _____

_____

Nombre del Banco_____ No. de Cuenta _____

Nombre del Banco_____ No. de Cuenta _____

¿Ha sido desalojado alguna vez _____

¿Ha tenido algún litigio con un propietario? _____

El firmante testifica por medio de la presente que la información presentada aquí es verdadera.

_____

_____

Se ha dejado esta página en blanco intencionalmente.

CONTRATO DE ARRIENDO DE UNA CASA

PROPIETARIO: _____   INQUILINO: _____
_____   _____

EN CONSIDERACIÓN de los convenios y acuerdos mutuos aquí incluidos, el Propietario por este medio arrienda al Inquilino y el Inquilino por la presente alquila del Propietario la propiedad arriba descrita junto con cualquier propiedad personal que aparece en la lista del "Cuadro A" aquí adjunto, bajo los siguientes términos y condiciones:

    1. TÉRMINO. Este contrato será por un término de _____ comenzando _____,_____ y terminando _____,_____.

    2. RENTA. La renta o alquiler será de $_____ y vencerá el o antes del _____ día de cada _____. En caso de que la cantidad completa no se reciba en la fecha que vence, se aplicará un cargo tardío de $_____. En caso de que el cheque sea devuelto sin pagarse o que se deba colocar una notificación de desalojo, el Inquilino se compromete a pagar un cargo de $_____.

    3. PAGO. El Propietario debe recibir el pago del alquiler en o antes de la fecha de vencimiento en la siguiente dirección: _____ o aquél lugar que el Propietario haya designado por escrito. El Inquilino debe entender que esto requiere que se envíe temprano por correo. En el caso de que se le devuelva el cheque sin pagarse, el Propietario puede requerir dinero en efectivo o certificado.

    4. INCUMPLIMIENTO. En el caso de que el Inquilino no cumpla con el pago de alguna forma en este contrato, el Propietario puede recuperar posesión de la unidad como lo provee la ley y puede tratar de obtener perjuicios monetarios.

    5. DEPÓSITO DE SEGURIDAD. El Inquilino le pagará al Propietario la suma de $_____ como el último mes de renta bajo este contrato, más la suma de $_____ como depósito de seguridad. En el caso de que el inquilino termine el contrato antes de la fecha de su expiración, dicha cantidad no es reembolsable como un cargo por el contratiempo que debe pasar el Propietario en encontrar un nuevo inquilino, pero el Propietario se reserva el derecho de tratar de conseguir indemnización adicional si los daños exceden la cantidad del depósito.

    6. SERVICIOS PÚBLICOS. El Inquilino se compromete a pagar los cargos por servicios públicos en la propiedad excepto por: _____.

    7. MANTENIMIENTO. Después que el Inquilino haya revisado la propiedad, reconoce que está en buenas condiciones y, considerando una reducción de la renta, el Inquilino se compromete a responsabilizarse y a completar rápidamente todo el mantenimiento del establecimiento

    8. CERRADURAS. Si el Inquilino agrega o cambia las cerraduras en la unidad, le debe entregar copia de las llaves al Propietario, quien debe tener las llaves en todo momento para tener acceso al establecimiento en caso de emergencia.

    9. TRASPASO o TRANSFERENCIA. El Inquilino no debe traspasar o subarrendar ninguna parte de la unidad sin el consentimiento escrito del Propietario, el cual debe ser sólo a discreción del Propietario.

    10. USO. El Inquilino se compromete a usar la unidad sólo para propósitos residenciales y no para ninguna razón ilegal ni que por ningún motivo levante la taza del seguro. El Inquilino además se compromete a no violar ninguna ley de reglamentación urbanística o restricciones de subdivisión ni a involucrarse en ninguna actividad que pueda perjudicar la propiedad o constituir un perjuicio para los vecinos o el Propietario.

    11. CÉSPED. El Inquilino será responsable de mantener el césped y los arbustos de la propiedad y pagará los daños causados por su negligencia o abuso del mismo.

12. RESPONSABILIDAD. El Inquilino se compromete a mantener al Propietario libre de cualquier reclamo de daños a la propiedad, y será exclusivamente responsable de asegurar sus propias pertenencias en la unidad.

13. ACCESO. El Propietario se reserva el derecho de entrar a la propiedad para poder inspeccionarla, repararla o mostrarla a posibles futuros inquilinos o compradores.

14. ANIMALES DOMÉSTICOS. No se permitirán animales domésticos en la propiedad excepto: _____ y habrá un depósito no reembolsable de $_____ para animales domésticos. El Propietario se reserva el derecho de revocar el consentimiento si el animal se convierte en una molestia. .

15. OCUPACIÓN. La unidad o establecimiento no debe estar ocupada por más de _____ personas.

16. ARTEFACTOS DOMÉSTICOS DEL INQUILINO. El Inquilino se compromete a no usar calentadores, accesorios ni artefactos domésticos que extraigan demasiada corriente sin el consentimiento escrito del Propietario.

17. ESTACIONAMIENTO. El Inquilino está de acuerdo en que no se permite estacionar en la propiedad excepto: _____. No se deberán guardar en la propiedad vehículos para acampar, casas-remolque, botes, vehículos de recreación o inoperables sin el consentimiento escrito del Propietario.

18. MUEBLES. El Inquilino acusa recibo de los puntos mencionados en la lista del "Cuadro A" aquí adjunto y se compromete a devolverlos en buenas condiciones al término de este contrato.

19. ALTERACIONES y MEJORAMIENTOS. El Inquilino no deberá hacer ninguna alteración ni mejoramiento a la propiedad (incluyendo pintura) sin el consentimiento escrito del Propietario y tales alteraciones o mejoramientos pasarán a ser propiedad del Propietario excepto que esté acordado de otra manera por escrito.

20. CONVENIO COMPLETO. Este contrato constituye un acuerdo en su totalidad entre las partes y no puede ser modificado excepto por escrito y firmado por ambas partes.

21. ACOSAMIENTO. El Inquilino no hará ningún acto para acosar intencionalmente al Propietario ni a otros inquilinos.

22. HONORARIOS DE ABOGADO. En el caso de que el Propietario deba utilizar los servicios de un abogado para reforzar este acuerdo, el Inquilino pagará los honorarios del abogado del Propietario.

23. SEPARATIVA. En el caso de que alguna sección de este acuerdo se considere inválida, todas las estipulaciones mantendrán por completo su validez y efecto.

24. REGISTRO. Este contrato no se registrará en ningún registro público.

25. RENUNCIA. Cualquier falla del Propietario de poner en efecto sus derechos bajo este acuerdo no constituirá una renuncia a los derechos legales del Propietario.

26. ABANDONO. En el evento de que el Inquilino abandone la propiedad antes de que este contrato expire, el Propietario puede volver a asignar el local o establecimiento y mantener al Inquilino responsable por cualquier costo, pérdida de alquiler o daño a la propiedad. El Propietario puede disponer de cualquier efecto personal abandonado por el Inquilino.

27. SUBORDINACIÓN. El interés del Inquilino por la propiedad estará sujeto a cualquier gravamen que se ponga sobre la propiedad ahora y en lo sucesivo, a cualquier avance que se haga bajo esos gravámenes y a cualquier extensión o renovación que se haga de allí en adelante. El Inquilino se compromete a firmar cualquier documento indicando tal subordinación que puedan requerir los prestamistas.

28. ENTREGA DE LA UNIDAD. Al expirar el término de este contrato, el Inquilino entregará inmediatamente la posesión de la propiedad en tan buena condición como lo estaba al comienzo del contrato. El Inquilino entregará al Propietario todas las llaves de la propiedad, incluyendo las llaves que hizo el Inquilino o sus agentes.

29. PERMANENCIA DEL INQUILINO. Si el Inquilino no cumple en entregar la propiedad al Propietario al expirar el contrato, el arrendamiento continuará siendo regido por este contrato de mes a mes. Si esa permanencia del inquilino es sin el consentimiento del Propietario, el Inquilino será responsable por doblar la renta por cada mes o parte del mes.

30. DAÑOS A LA PROPIEDAD. En caso de que la propiedad esté dañada o sea destruida por incendio u otro accidente o el gobierno la declare inhabitable, el Propietario puede terminar este contrato o reparar la propiedad.

31. CONTROL DE INSECTOS Y PESTES. El Inquilino se compromete a hacerse responsable de los servicios de control y exterminación de pestes e insectos y de mantener el local limpio y sanitario para evitar ese tipo de problemas. El Inquilino notificará al Propietario inmediatamente si hay evidencia de termitas. El Propietario no será responsable de proporcionar planes de vivienda para el Inquilino en caso de que la propiedad deba ser evacuada para tratar de controlar las termitas u otros insectos o pestes.

32. GRAVAMEN o DERECHO DE RETENCIÓN. Los bienes del Propietario no estarán sujetos a ningún gravamen por mejoras que haya contraído el Inquilino.

33. CAMAS DE AGUA. En caso de que el Inquilino utilice un aparato para la cama de tipo flotante en la propiedad, el Inquilino mantendrá una póliza de seguro de por lo menos $-_____ para cubrir los daños que cause tal aparato y pondrá al Propietario como asegurado en esa póliza.

34. DIVERSAS CLÁUSULAS. _____
_____.

TESTIGO de las manos y sellos de las partes a la presente escritura este _____ día de
_____, _____.

PROPIETARIO: INQUILINO:

_____   _____

_____   _____

Se ha dejado esta página en blanco intencionalmente.

PACTO DE ALQUILER DE UNA CASA

PROPIETARIO:_____   INQUILINO:_____

_____   _____

EN CONSIDERACIÓN de los convenios y acuerdos mutuos aquí incluidos, el Propietario por este medio arrienda al Inquilino y el Inquilino por la presente alquila del Propietario la propiedad arriba descrita junto con cualquier propiedad personal que aparece en la lista del "Cuadro A" aquí adjunto, bajo los siguientes términos y condiciones:

    1. TÉRMINO. Este convenio de alquiler será un arrendamiento de mes a mes que podrá ser cancelado por cualquiera de las dos partes notificándole a la otra parte por lo menos 30 días antes del fin de mes.

    2. RENTA. La renta o alquiler será de $_____ y vencerá el o antes del _____ día de cada _____. En caso de que la cantidad completa no se reciba en la fecha que vence, se aplicará un cargo tardío de $_____. En caso de que el cheque sea devuelto sin pagarse o que se deba colocar una noticia de desalojo, el Inquilino se compromete a pagar un cargo de $_____.

    3. PAGO. El Propietario debe recibir el pago del alquiler en o antes de la fecha de vencimiento en la siguiente dirección: _____ o aquél lugar que el Propietario haya designado por escrito. El Inquilino debe entender que esto requiere que se envíe temprano por correo. En el caso de que se le devuelva el cheque sin pagarse, el Propietario puede requerir dinero en efectivo o certificado.

    4. INCUMPLIMIENTO. En el caso de que el Inquilino no cumpla con el pago de alguna forma en este contrato, el Propietario puede recuperar posesión de la unidad como lo provee la ley y puede tratar de obtener perjuicios monetarios.

    5. DEPÓSITO DE SEGURIDAD. El Inquilino le pagará al Propietario la suma de $_____ como el último mes de renta bajo este contrato, más la suma de $_____ como depósito de seguridad. En el caso de que el inquilino termine el contrato antes de la fecha de su expiración, dicha cantidad no es reembolsable como un cargo por el contratiempo que debe pasar el Propietario en encontrar un nuevo inquilino; pero el propietario se reserva el derecho de tratar de conseguir indemnización adicional si los daños exceden la cantidad del depósito.

    6. SERVICIOS PÚBLICOS. El Inquilino se compromete a pagar los cargos por servicios públicos en la propiedad excepto por: _____.

    7. MANTENIMIENTO. Después que el Inquilino haya revisado la propiedad, reconoce que está en buenas condiciones y, considerando una reducción de la renta, el Inquilino se compromete a responsabilizarse y a completar rápidamente todo el mantenimiento del establecimiento

    8. CERRADURAS. Si el Inquilino agrega o cambia las cerraduras en la unidad, le debe entregar copia de las llaves al Propietario, quien debe tener las llaves en todo momento para tener acceso al establecimiento en caso de emergencia.

    9. TRASPASO o TRANSFERENCIA. El Inquilino no debe traspasar o subarrendar ninguna parte de la unidad sin el consentimiento escrito del Propietario, el cual debe ser sólo a discreción del Propietario.

    10. USO. El Inquilino se compromete a usar la unidad sólo para propósitos residenciales y no para ninguna razón ilegal ni que por ningún motivo levante la taza del seguro. El Inquilino, además, se compromete a no violar ninguna ley de reglamentación urbanística o restricciones de subdivisión ni a involucrarse en ninguna actividad que pueda perjudicar la propiedad o constituir un perjuicio para los vecinos o el Propietario.

    11. CÉSPED. El Inquilino será responsable de mantener el césped y los arbustos de la propiedad y pagará los daños causados por su negligencia o abuso del mismo.

12. RESPONSABILIDAD. El Inquilino se compromete a mantener al Propietario libre de cualquier reclamo de daños a la propiedad, y será exclusivamente responsable de asegurar sus propias pertenencias en la unidad.

13. ACCESO. El Propietario se reserva el derecho de entrar a la propiedad para poder inspeccionarla, repararla o mostrarla a posibles futuros inquilinos o compradores.

14. ANIMALES DOMÉSTICOS. No se permitirán animales domésticos en la propiedad excepto: _____ y habrá un depósito no reembolsable de $_____ para animales domésticos. El Propietario se reserva el derecho de revocar el consentimiento si el animal se convierte en un estorbo.

15. OCUPACIÓN. La unidad o establecimiento no debe estar ocupadá por más de _____ personas.

16. ARTEFACTOS DOMÉSTICOS DEL INQUILINO. El Inquilino se compromete a no usar calentadores, accesorios o artefactos domésticos que extraigan demasiada corriente sin el consentimiento escrito del Propietario.

17. ESTACIONAMIENTO. El Inquilino está de acuerdo en que no se permite estacionar en la propiedad excepto: _____. No se deberán guardar en la propiedad vehículos para acampar, casas-remolque, botes, vehículos de recreación o inoperables sin el consentimiento escrito del Propietario.

18. MUEBLES. El Inquilino acusa recibo de los puntos mencionados en la lista del "Cuadro A" aquí adjunto y se compromete a devolverlos en buenas condiciones al término de este contrato.

19. ALTERACIONES y MEJORAMIENTOS. El Inquilino no deberá hacer ninguna alteración ni mejoramiento a la propiedad (incluyendo pintura) sin el consentimiento escrito del Propietario y tales alteraciones o mejoramientos pasarán a ser propiedad del Propietario excepto que esté acordado de otra manera por escrito.

20. CONVENIO COMPLETO. Este contrato constituye un acuerdo en su totalidad entre las partes y no puede ser modificado excepto por escrito y firmado por ambas partes.

21. ACOSAMIENTO. El Inquilino no hará ningún acto para acosar intencionalmente al Propietario ni a otros inquilinos.

22. HONORARIOS DE ABOGADO. En el caso de que el Propietario deba utilizar los servicios de un abogado para reforzar este acuerdo, el Inquilino pagará los honorarios del abogado del Propietario.

23. SEPARATIVA. En el caso de que alguna sección de este acuerdo se considere inválidá, todas las estipulaciones mantendrán por completo su validez y efecto.

24. REGISTRO. Este contrato no se registrará en ningún registro público.

25. RENUNCIA. Cualquier falla del Propietario de poner en efecto sus derechos bajo este acuerdo no constituirá una renuncia a los derechos legales del Propietario.

26. ABANDONO. En el evento de que el Inquilino abandone la propiedad antes de que este contrato expire, el Propietario puede volver a asignar el local o establecimiento y mantener al Inquilino responsable por cualquier costo, pérdida de alquiler o daño a la propiedad. El Propietario puede disponer de cualquier efecto personal abandonado por el Inquilino.

27. SUBORDINACIÓN. El interés del Inquilino por la propiedad estará sujeto a cualquier gravamen que se ponga sobre la propiedad ahora y en lo sucesivo, a cualquier avance que se haga bajo esos gravámenes y a cualquier extensión o renovación que se haga de allí en adelante. El Inquilino se compromete a firmar cualquier documento indicando tal subordinación que puedan requerir los prestamistas.

28. ENTREGA DE LA UNIDAD. Al expirar el término de este contrato, el Inquilino entregará inmediatamente la posesión de la propiedad en tan buena condición como lo estaba al comienzo del contrato. El Inquilino entregará al Propietario todas las llaves de la propiedad, incluyendo las llaves que hizo el Inquilino o sus agentes.

29. PERMANENCIA DEL INQUILINO. Si el Inquilino no cumple en entregar la propiedad al Propietario al expirar el contrato, el arrendamiento continuará siendo regido por este contrato de mes a mes.

Si esa continuación es sin el consentimiento del Propietario, el Inquilino será responsable por doblar la renta por cada mes o parte del mes.

     30. DAÑOS A LA PROPIEDAD. En caso de que la propiedad esté dañada o sea destruida por fuego u otro accidente o el gobierno la declare inhabitable, el Propietario puede terminar este contrato o reparar la propiedad.

     31. CONTROL DE INSECTOS Y PESTES. El Inquilino se compromete a hacerse responsable de los servicios de control y exterminación de pestes e insectos y de mantener el local limpio y sanitario para evitar ese tipo de problemas. El Inquilino notificará al Propietario inmediatamente si hay evidencia de termitas. El Propietario no será responsable de proporcionar planes de vivienda para el Inquilino en caso de que la propiedad deba ser evacuada para tratar de controlar las termitas u otros insectos o pestes.

     32. GRAVAMEN o DERECHO DE RETENCIÓN. Los bienes del Propietario no estarán sujetos a ningún gravamen por mejoras que haya contraído el Inquilino.

     33. CAMAS DE AGUA. En caso de que el Inquilino utilice un aparato para la cama de tipo flotante en la propiedad, el Inquilino mantendrá una póliza de seguro de por lo menos $_____ para cubrir los daños que cause tal aparato y pondrá al Propietario como asegurado en esa póliza.

     34. DIVERSAS CLÁUSULAS. _____
_____.

     TESTIGO de las manos y sellos de las partes a la presente escritura este _____ día de _____, _____.

PROPIETARIO: INQUILINO:

_____   _____

_____   _____

Se ha dejado esta página en blanco intencionalmente.

CONTRATO DE ARRIENDO DE UN APARTAMENTO

PROPIETARIO:_____   INQUILINO:_____

_____   _____

EN CONSIDERACIÓN de los convenios y acuerdos mutuos aquí incluidos, el Propietario por este medio arrienda al Inquilino y el Inquilino por la presente alquila del Propietario la propiedad arriba descrita junto con cualquier propiedad personal que aparece en la lista del "Cuadro A" aquí adjunto, bajo los siguientes términos y condiciones:

1. TÉRMINO. Este contrato será por un término de _____ comenzando _____,_____ y terminando _____,_____.

2. RENTA. La renta o alquiler será de $_____ y vencerá el o antes del _____ día de cada _____. En caso de que la cantidad completa no se reciba en la fecha que vence, se aplicará un cargo tardío de $_____. En el caso de que el cheque sea devuelto sin pagarse o que se deba colocar una noticia de desalojo, el Inquilino se compromete a pagar un cargo de $_____.

3. PAGO. El Propietario debe recibir el pago del alquiler en o antes de la fecha de vencimiento en la siguiente dirección: _____ o aquél lugar que el Propietario haya designado por escrito. El Inquilino debe entender que esto requiere que se envíe temprano por correo. En el caso de que se le devuelva el cheque sin pagarse, el Propietario puede requerir dinero en efectivo o certificado.

4. INCUMPLIMIENTO. En el caso de que el Inquilino no cumpla con el pago de alguna forma en este contrato, el Propietario puede recuperar posesión de la unidad como lo provee la ley y puede tratar de obtener perjuicios monetarios.

5. DEPÓSITO DE SEGURIDAD. El Inquilino le pagará al Propietario la suma de $_____ como garantía por la ejecución de este contrato. Dicha suma no se usará como renta.

6. SERVICIOS PÚBLICOS. El Inquilino se compromete a pagar los cargos por servicios públicos en la propiedad excepto por: _____.

7. MANTENIMIENTO. Después que el Inquilino haya revisado la propiedad, reconoce que está en buenas condiciones y se compromete a informarle al Propietario rápidamente sobre cualquier problema de mantenimiento. El Inquilino accede a mantener la propiedad en condiciones limpias y sanitarias. En el caso de que el Inquilino o sus invitados hayan causado daños, ya sea intencionalmente o por negligencia, el Inquilino pagará por tales reparaciones dentro de los diez días.

8. CERRADURAS. Si el Inquilino agrega o cambia las cerraduras en la unidad, le debe entregar copia de las llaves al Propietario, quien debe tener las llaves en todo momento para tener acceso al establecimiento en caso de emergencia.

9. TRASPASO o TRANSFERENCIA. El Inquilino no debe traspasar o subarrendar ninguna parte de la unidad sin el consentimiento escrito del Propietario, el cual debe ser sólo a discreción del Propietario.

10. USO. El Inquilino se compromete a usar la unidad sólo para propósitos residenciales y no para ninguna razón ilegal ni que por ningún motivo levante la taza del seguro. El Inquilino además se compromete a no violar ninguna ley de reglamentación urbanística o restricciones de subdivisión ni a involucrarse en ninguna actividad que pueda perjudicar la propiedad o constituir un perjuicio para los vecinos o el Propietario.

11. CONDOMINIO. En el caso de que la propiedad sea una unidad de condominio, el Inquilino se compromete a respetar las normas y reglamentos pertinentes. Los gastos de mantenimiento y recreación los debe pagar _____. Este contrato está sujeto a la aprobación de los miembros del consorcio del condominio y el Inquilino se compromete a pagar cualquier cuota necesaria para ser aprobado.

12. RESPONSABILIDAD. El Inquilino se compromete a mantener al Propietario libre de cualquier reclamo de daños a la propiedad, y será exclusivamente responsable de asegurar sus propias pertenencias en la unidad.

13. ACCESO. El Propietario se reserva el derecho de entrar a la propiedad para poder inspeccionarla, repararla o mostrarla a posibles futuros inquilinos o compradores.

14. ANIMALES DOMÉSTICOS. No se permitirán animales domésticos en la propiedad excepto: _____ y habrá un depósito no reembolsable de $_____ para animales domésticos. El Propietario se reserva el derecho de revocar el consentimiento si el animal se convierte en una molestia.

15. OCUPACIÓN. La unidad o establecimiento no debe estar ocupadoa por más de _____ personas.

16. ARTEFACTOS DOMÉSTICOS DEL INQUILINO. El Inquilino se compromete a no usar calentadores, accesorios o artefactos domésticos que extraigan demasiada corriente sin el consentimiento escrito del Propietario.

17. ESTACIONAMIENTO. El Inquilino está de acuerdo en que no se permite estacionar en la propiedad excepto: _____. No se deberán guardar en la propiedad vehículos para acampar, casas-remolque, botes, vehículos de recreación o inoperables sin el consentimiento escrito del Propietario.

18. MUEBLES. El Inquilino acusa recibo de los puntos mencionados en la lista del "Cuadro A" aquí adjunto y se compromete a devolverlos en buenas condiciones al término de este contrato.

19. ALTERACIONES y MEJORAMIENTOS. El Inquilino no deberá hacer ninguna alteración ni mejoramiento a la propiedad (incluyendo pintura) sin el consentimiento escrito del Propietario y tales alteraciones o mejoramientos pasarán a ser propiedad del propietario excepto que esté acordado de otra manera por escrito.

20. CONVENIO COMPLETO. Este contrato constituye un acuerdo en su totalidad entre las partes y no puede ser modificado excepto por escrito y firmado por ambas partes.

21. ACOSAMIENTO. El Inquilino no hará ningún acto para acosar intencionalmente al Propietario ni a otros inquilinos.

22. HONORARIOS DE ABOGADO. En el caso de que el Propietario deba utilizar los servicios de un abogado para reenforzar este acuerdo, el Inquilino pagará los honorarios del abogado del Propietario.

23. SEPARATIVA. En el caso de que alguna sección de este acuerdo se considere inválida, todas las estipulaciones mantendrán por completo su validez y efecto.

24. REGISTRO. Este contrato no se registrará en ningún registro público.

25. RENUNCIA. Cualquier falla del Propietario de poner en efecto sus derechos bajo este acuerdo no constituirá una renuncia a los derechos legales del Propietario.

26. ABANDONO. En el evento de que el Inquilino abandone la propiedad antes de que este contrato expire, el Propietario puede volver a asignar el local o establecimiento y mantener al Inquilino responsable por cualquier costo, pérdida de alquiler o daño a la propiedad. El Propietario puede disponer de cualquier efecto personal abandonado por el Inquilino.

27. SUBORDINACIÓN. El interés del Inquilino por la propiedad estará sujeto a cualquier gravámen que se ponga sobre la propiedad ahora y en lo sucesivo, a cualquier avance que se haga bajo esos gravámenes y a cualquier extensión o renovación que se haga de allí en adelante. El Inquilino se compromete a firmar cualquier documento indicando tal subordinación que puedan requerir los prestamistas.

28. ENTREGA DE LA UNIDAD. Al expirar el término de este contrato, el Inquilino entregará inmediatamente la posesión de la propiedad en tan buena condición como lo estaba al comienzo del contrato. El Inquilino entregará al Propietario todas las llaves de la propiedad, incluyendo las llaves que hizo el Inquilino o sus agentes.

29. PERMANENCIA DEL INQUILINO. Si el Inquilino no cumple en entregar la propiedad al Propietario al expirar el contrato, el arrendamiento continuará siendo regido por este contrato de mes a mes. Si esa permanencia es sin el consentimiento del Propietario, el Inquilino será responsable por doblar la renta por cada mes o parte del mes.

30. DAÑOS A LA PROPIEDAD. En caso de que la propiedad esté dañada o sea destruida por fuego u otro accidente o el gobierno la declare inhabitable, el Propietario puede terminar este contrato o reparar la propiedad.

31. GRAVAMEN o DERECHO DE RETENCIÓN. Los bienes del Propietario no estarán sujetos a ningún gravamen por mejoras que haya contraído el Inquilino.

32. CAMAS DE AGUA. En caso de que el Inquilino utilice un aparato para la cama de tipo flotante en la propiedad, el Inquilino mantendrá una póliza de seguro de por lo menos $_____ para cubrir los daños que cause tal aparato y pondrá al Propietario como asegurado en esa póliza.

33. DIVERSAS CLÁUSULAS. _____

_____

TESTIGO de las manos y sellos de las partes a la presente escritura este _____ día de _____, _____.

PROPIETARIO: INQUILINO:

_____   _____

_____   _____

Se ha dejado esta página en blanco intencionalmente.

PACTO DE LA RENTA DE UN APARTAMENTO

PROPIETARIO: _____   INQUILINO: _____

_____   _____

EN CONSIDERACIÓN de los convenios y acuerdos mutuos aquí incluidos, el Propietario por este medio arrienda al Inquilino y el Inquilino por la presente alquila del Propietario la propiedad arriba descrita junto con cualquier propiedad personal que aparece en la lista del "Cuadro A" aquí adjunto, bajo los siguientes términos y condiciones:

1. TÉRMINO. Este convenio de alquiler será un arrendamiento de mes a mes que podrá ser cancelado por cualquiera de las dos partes al notificarle a la otra parte por lo menos 30 días antes de fin de mes.

2. RENTA. La renta o alquiler será de $_____ y vencerá el o antes del _____ día de cada _____. En caso de que la cantidad completa no se reciba en la fecha que vence, se aplicará un cargo tardío de $_____. En caso de que el cheque sea devuelto sin pagarse o que se deba colocar una noticia de desalojo, el Inquilino se compromete a pagar un cargo de $_____.

3. PAGO. El Propietario debe recibir el pago del alquiler en o antes de la fecha de vencimiento en la siguiente dirección: _____ o aquél lugar que el Propietario haya designado por escrito. El Inquilino debe entender que esto requiere que se envíe temprano por correo. En el caso de que se le devuelva el cheque sin pagarse, el Propietario puede requerir dinero en efectivo o certificado.

4. INCUMPLIMIENTO. En el caso de que el Inquilino no cumpla con el pago de alguna forma en este contrato, el Propietario puede recuperar posesión de la unidad como lo provee la ley y puede tratar de obtener perjuicios monetarios.

5. DEPOSITO DE SEGURIDAD. El Inquilino le pagará al Propietario la suma de $_____ como garantía por la ejecución de este contrato. Dicha suma no se usará como renta.

6. SERVICIOS PÚBLICOS. El Inquilino se compromete a pagar los cargos por servicios públicos en la propiedad excepto por: _____.

7. MANTENIMIENTO. Después que el Inquilino haya revisado la propiedad, reconoce que está en buenas condiciones y se compromete a informarle al Propietario rápidamente sobre cualquier problema de mantenimiento. El Inquilino accede a mantener la propiedad en condiciones limpias y sanitarias. En el caso de que el Inquilino o sus invitados hayan causado daños, ya sea intencionalmente o por negligencia, el Inquilino pagará por tales reparaciones dentro de los diez días.

8. CERRADURAS. Si el Inquilino agrega o cambia las cerraduras en la unidad, le debe entregar copia de las llaves al Propietario, quien debe tener las llaves en todo momento para tener acceso al establecimiento en caso de emergencia.

9. TRASPASO o TRANSFERENCIA. El Inquilino no debe traspasar o subarrendar ninguna parte de la unidad sin el consentimiento escrito del Propietario, el cual debe ser sólo a discreción del Propietario.

10. USO. El Inquilino se compromete a usar la unidad sólo para propósitos residenciales y no para ninguna razón ilegal ni que por ningún motivo levante la taza del seguro. El Inquilino, además, se compromete a no violar ninguna ley de reglamentación urbanística o restricciones de subdivisión ni a involucrarse en ninguna actividad que pueda perjudicar la propiedad o constituir un perjuicio para los vecinos o el Propietario.

11. CONDOMINIO. En el caso de que la propiedad sea una unidad de condominio, el Inquilino se compromete a cumplir con las normas y reglamentos pertinentes. Los gastos de mantenimiento y recreación los debe pagar _____. Este contrato está sujeto a la aprobación de los miembros del consorcio del condominio y el Inquilino se compromete a pagar cualquier cuota necesaria para ser aprobado.

12. RESPONSABILIDAD. El Inquilino se compromete a mantener al Propietario libre de cualquier reclamo de daños a la propiedad, y será exclusivamente responsable de asegurar sus propias pertenencias en la unidad.

13. ACCESO. El Propietario se reserva el derecho de entrar a la propiedad para poder inspeccionarla, repararla o mostrarla a posibles futuros inquilinos o compradores.

14. ANIMALES DOMÉSTICOS. No se permitirán animales domésticos en la propiedad excepto: _____ y habrá un depósito no reembolsable de $_____ para animales domésticos. El Propietario se reserva el derecho de revocar el consentimiento si el animalito se convierte en un estorbo.

15. OCUPACIÓN. La unidad o establecimiento no debe estar ocupada por más de _____ personas.

16. ARTEFACTOS DOMÉSTICOS DEL INQUILINO. El Inquilino se compromete a no usar calentadores, accesorios o artefactos domésticos que extraigan demasiada corriente sin el consentimiento escrito del Propietario.

17. ESTACIONAMIENTO. El Inquilino está de acuerdo en que no se permite estacionar en la propiedad excepto: _____. No se deberán guardar en la propiedad vehículos para acampar, casas-remolque, botes, vehículos de recreación o inoperables sin el consentimiento escrito del Propietario.

18. MUEBLES. El Inquilino acusa recibo de los puntos mencionados en la lista del "Cuadro A" aquí adjunto y se compromete a devolverlos en buenas condiciones al término de este contrato.

19. ALTERACIONES y MEJORAMIENTOS. El Inquilino no deberá hacer ninguna alteración ni mejoramiento a la propiedad (incluyendo pintura) sin el consentimiento escrito del Propietario y tales alteraciones o mejoramientos pasarán a ser propiedad del Propietario excepto que esté acordado de otra manera por escrito.

20. CONVENIO COMPLETO. Este contrato constituye un acuerdo en su totalidad entre las partes y no puede ser modificado excepto por escrito y firmado por ambas partes.

21. ACOSAMIENTO. El Inquilino no hará ningún acto para acosar intencionalmente al Propietario ni a otros inquilinos.

22. HONORARIOS DE ABOGADO. En el caso de que el Propietario deba utilizar los servicios de un abogado para reforzar este acuerdo, el Inquilino pagará los honorarios del abogado del Propietario.

23. SEPARATIVA. En el caso de que alguna sección de este acuerdo se considere inválido, todas las estipulaciones mantendrán por completo su validez y efecto.

24. REGISTRO. Este contrato no se registrará en ningún registro público.

25. RENUNCIA. Cualquier falla del Propietario de poner en efecto sus derechos bajo este acuerdo no constituirá una renuncia a los derechos legales del Propietario.

26. ABANDONO. En el evento de que el Inquilino abandone la propiedad antes de que este contrato expire, el Propietario puede volver a asignar el local establecimiento y mantener al Inquilino responsable por cualquier costo, pérdida de alquiler o daño a la propiedad. El Propietario puede disponer de cualquier efecto personal abandonado por el Inquilino.

27. SUBORDINACIÓN. El interés del Inquilino por la propiedad estará sujeto a cualquier gravamen que se ponga sobre la propiedad ahora y en lo sucesivo, a cualquier avance que se haga bajo esos gravámenes y a cualquier extensión o renovación que se haga de allí en adelante. El Inquilino se compromete a firmar cualquier documento indicando tal subordinación que puedan requerir los prestamistas.

28. ENTREGA DE LA UNIDAD. Al expirar el término de este contrato, el Inquilino entregará inmediatamente la posesión de la propiedad en tan buena condición como lo estaba al comienzo del contrato. El Inquilino entregará al Propietario todas las llaves de la propiedad, incluyendo las llaves que hizo el Inquilino o sus agentes.

29. PERMANENCIA DEL INQUILINO. Si el Inquilino no cumple en entregar la propiedad al Propietario al expirar el contrato, el arrendamiento continuará siendo regido por este contrato de mes a mes. Si esa continuación es sin el consentimiento del Propietario, el Inquilino será responsable por doblar la renta por cada mes o parte del mes.

30. DAÑOS A LA PROPIEDAD. En caso de que la propiedad esté dañada o sea destruida por fuego u otro accidente o el gobierno la declare inhabitable, el Propietario puede terminar este contrato o reparar la propiedad.

31. GRAVAMEN o DERECHO DE RETENCIÓN. Los bienes del Propietario no estarán sujetos a ningún gravamen por mejoras que haya contraído el Inquilino.

32. CAMAS DE AGUA. En caso de que el Inquilino utilice un aparato para la cama de tipo flotante en la propiedad, el Inquilino mantendrá una póliza de seguro de por lo menos $_____ para cubrir los daños que cause tal aparato y pondrá al Propietario como asegurado en esa póliza.

33. DIVERSAS CLÁUSULAS _____
_____.

TESTIGO de las manos y sellos de las partes a la presente escritura este _____ día de _____, _____.

PROPIETARIO: INQUILINO:

_____   _____

_____   _____

Se ha dejado esta página en blanco intencionalmente.

CONTRATO DE ARRIENDO COMERCIAL

PROPIETARIO:_____   INQUILINO:_____
_____   _____

EN CONSIDERACIÓN de los convenios y acuerdos mutuos aquí incluidos, el Propietario por este medio arrienda al Inquilino y el Inquilino por la presente alquila del Propietario la propiedad arriba descrita bajo los siguientes términos y condiciones:

1. LOCAL o ESTABLECIMIENTO. El establecimiento alquilado por el Inquilino consiste de un _____ de aproximadamente _____ pies cuadrados ubicados en _____ al medirlo desde la superficie exterior de las paredes de afuera y las líneas del centro de las paredes divisorias incluyendo toda la plomería, líneas eléctricas, de alcantarillado, calefacción, aire acondicionado y otros accesorios de servicios públicos, líneas, equipos, tuberías, cables y postes de esos junto con el uso común con otros Inquilinos del estacionamiento, caminos, pasillos y otras áreas públicas.

2. TÉRMINO. El término de este contrato será por un período de _____ meses comenzando a las 12:01 de la madrugada en _____, _____ y terminando a la medianoche del _____, _____.

3. RENTA. La renta básica por el primer año de este contrato será de $_____ por mes. Para el segundo y cada año consecutivo bajo este contrato, el alquiler se subirá con el mismo porcentaje de aumento que el de los últimos doce meses del "Índice de Precios del Consumidor - Todos los Artículos - Promedio de Ciudades de EE.UU." (CPI). Además de la renta básica, el Inquilino pagará _____% de los cargos de los impuestos de bienes raíces, servicios públicos y mantenimiento de las áreas comunes, junto con cualquier impuesto de venta o uso que se venza por el alquiler del establecimiento.

4. RENOVACIÓN. Suponiendo que el Inquilino no esté en incumplimiento bajo ningún término de este contrato, por este medio se le da al Inquilino la opción de renovar este contrato por un término de _____ años. La renta básica por el primer año de la renovación será por la cantidad de alquiler del año anterior más el porcentaje de aumento de los últimos doce meses del "Índice de Precios del Consumidor - Todos los Artículos - Promedio de Ciudades de EE. UU." (CPI). Por cada año subsiguiente el alquiler aumentará de acuerdo con el CPI. El Inquilino le notificará al Propietario por escrito su intención de renovar con sesenta (60) días de anterioridad al término de este contrato.

5. PAGO DE LA RENTA. El Propietario debe recibir el pago del alquiler en o antes de la fecha de vencimiento en la siguiente dirección: _____ o en aquél lugar que el Propietario haya designado por escrito. El Inquilino debe entender que esto requiere que se envíe temprano por correo. En el caso de que se le devuelva el cheque sin pagarse, el Propietario puede requerir dinero en efectivo o certificado.

6. DEPÓSITO DE SEGURIDAD. El Inquilino le pagará al Propietario la suma de $_____ como el último mes de renta bajo este contrato, más la suma de $_____ como depósito de seguridad.

7. SERVICIOS PÚBLICOS. El Inquilino se hará responsable de todos los cargos de electricidad, gas, agua, alcantarillado u otros servicios públicos proporcionados al establecimiento. Cualquiera de esos cargos que no sean facturados directamente al Inquilino serán reembolsados al Propietario todos los meses al presentar el estado de cuentas.

8. MANTENIMIENTO y REPARACIONES. El Propietario mantendrá los cimientos, las paredes externas y el techo del establecimiento así como las áreas comunes en buenas condiciones, excepto que el Propietario no se hará responsable por ninguna reparación ocasional por actos del Inquilino, sus agentes o empleados. El Inquilino se responsabilizará del mantenimiento y reparaciones del interior del establecimiento, incluyendo los sistemas de refrigeración y de calefacción y toda la parte eléctrica, plomería, maquinaria, cerrajería, puertas, ventanas, persianas y pintura. Todas estas reparaciones se harán

con materiales y mano de obra equivalente al original. El Inquilino será responsable del servicio de exterminación del establecimiento.

9. MODIFICACIONES y MEJORAMIENTOS. El Inquilino no hará modificaciones, decoraciones, adiciones ni mejoramientos dentro o al establecimiento sin el previo consentimiento por escrito del Propietario, y en ese caso, sólo con contratistas o mecánicos aprobados por el Propietario. Tales trabajos se harán en aquellos momentos y en tal manera como lo designe ocasionalmente el Propietario.

10. TRASPASO y SUBARRENDAMIENTO. El Inquilino no asignará este Contrato, ni transferirá de ninguna manera ningún interés en el establecimiento ni subarrendará el local ni ninguna parte del mismo sin el consentimiento escrito del Propietario. En el caso de que el Inquilino fuera una corporación y el control de esto cambiara en cualquier momento, el Propietario puede declarar tal evento como incumplimiento bajo el contrato.

11. USO. El establecimiento debe usarse sólo como _____ y no se usará para ninguna razón ilegal o en violación de ninguna ley de reglamentación urbanística o restricciones a la propiedad. El Inquilino no tendrá ni expondrá ninguna mercadería en las áreas comunes sin el consentimiento escrito del Propietario. El Inquilino mantendrá las vidrieras limpias y en buenas condiciones y no hará alteraciones estructurales al establecimiento sin el consentimiento escrito del Propietario. El Inquilino se compromete a conducir su negocio en todo momento de una manera respetable y a no hacer subastas, liquidaciones o ventas por quiebra sin la autorización escrita del Propietario, la cual no será rehusada irracionalmente.

12. LEYES AMBIENTALES. El Inquilino cumplirá estrictamente con todas las leyes y regulaciones ambientales locales, estatales y federales. En el caso de que el Inquilino viole esas leyes, el Propietario puede terminar su contrato. El Inquilino continuará siendo responsable por eliminar esa violación y por cualquier otro costo, multa o penalidad basada en tal violación.

13. RESPONSABILIDAD. El Inquilino indemnificará y dejará libre al Propietario, sus empleados y agentes quienes no serán responsables por las multas, juicios, reclamos, demandas, pérdidas y acciones (incluyendo los honorarios de abogado) de cualquier daño a alguna persona o perjuicio a, o perdida de propiedad en o cerca del local, causado por la negligencia, mala conducta o ruptura de este contrato por el Inquilino, sus empleados, subinquilinos, invitados o por cualquier otra persona que entre al establecimiento. El Propietario no será responsable por ninguna pérdida o daño a ninguna persona o propiedad ocasionada por robo, fuego, acto de Dios, emergencia pública, requerimiento judicial, disturbio, huelga, guerra, insurrección, orden de corte, requisitos de otra autoridad o cuerpo gubernamental, por otros Inquilinos del edificio, sus invitados, o por cualquier otro asunto más allá del control de Propietario, o de cualquier causa excepto la negligencia del Propietario. El Inquilino por el presente reconoce que el Propietario no ha hecho garantía o representación oral, ya sea expresa o implícita, en cuanto a medidas de seguridad en o alrededor del establecimiento.

14. SEGURO. El Inquilino mantendrá por el término de este contrato, una póliza de seguro de responsabilidad que cubra al Inquilino y al Propietario contra cualquier obligación que se presente de cualquier daño en o cerca de la propiedad. El límite de tal póliza será de $_____/$_____ por perjuicio personal y $_____ por daño a la propiedad. El Propietario será beneficiario de las pérdidas en esa póliza.

15. INCENDIO o ACCIDENTE. En el caso de un incendio u otro accidente a la propiedad: a) Si la propiedad no es pronunciada insostenible en su totalidad o en parte, el Propietario la reparará rápidamente, después de recibir el ingreso del seguro y la renta no disminuirá; b) Si la propiedad es pronunciada parcialmente insostenible, el Propietario la reparará rápidamente luego de recibir el pago del seguro y la renta disminuirá en cuanto a la parte de la propiedad que sea insostenible; c) Si la propiedad es pronunciada totalmente insostenible, el Propietario la reconstruirá prontamente, después de recibir el ingreso del seguro y la renta disminuirá. Si eso ocurriera durante los dos últimos años del contrato, el Propietario cancelará este contrato. La disminución del alquiler no es pertinente si el Inquilino tiene un seguro de interrupción de

negocios. En el caso en que el posesor de la hipoteca requiera que los ingresos de seguro se usen para retirar la deuda, entonces el Propietario deberá cancelar el contrato.

16. ACCESO. El Propietario se reserva el derecho de entrar a la propiedad, después de haber notificado con anticipación, para poder inspeccionarla, repararla o mostrarla a posibles futuros inquilinos o compradores.

17. CERRADURAS. Si el Inquilino agrega o cambia las cerraduras en el local, le debe entregar copia de las llaves al Propietario, quien debe tener las llaves en todo momento para tener acceso al establecimiento.

18. ÁREAS DE ESTACIONAMIENTO. El Inquilino tendrá el uso no exclusivo de todas las áreas de estacionamiento en la propiedad. Estas áreas son principalmente para el uso de los clientes y el Inquilino no permitirá que sus empleados utilicen esas áreas para estacionar o almacenamiento de ningún automóvil, camión u otros vehículos excepto los que sean aprobados y designados por escrito por el Propietario. El uso de tales áreas de estacionamiento será en todo momento sujeto a tales reglas y regulaciones razonables como el Propietario las indique.

19. CARTELES y PUBLICIDAD. El Inquilino tendrá el derecho de instalar y mantener de su propio bolsillo, un cartel de la parte frontal del negocio sujeto a la aprobación escrita del Propietario en cuanto a las dimensiones, lugar y diseño, aprobación que no será rehusada irracionalmente. El Inquilino se compromete a no usar ningún medio de publicidad en el establecimiento o áreas comunes que puedan considerarse objetables por el Propietario u otros Inquilinos tales como parlantes, transmisiones radiales o música grabada que pueda escucharse afuera del local alquilado. El Inquilino no instalará ningún toldo exterior, estandartes o luces sin el consentimiento escrito del Propietario. El Inquilino no usará el nombre de la propiedad excepto para el domicilio o para uso de cualquier cuadro o algo similar en la propiedad sin el consentimiento escrito del Propietario.

20. ACCESORIOS. Cualquier accesorio que sea instalado en el establecimiento se convertirá en propiedad del Propietario y esos accesorios no podrán sacarse sin el consentimiento escrito específico del Propietario,

21. ABANDONO. En el evento de que el Inquilino abandone la propiedad antes de que este contrato expire, el Propietario puede volver a asignar el local o establecimiento y mantener al Inquilino responsable por cualquier costo, pérdida de alquiler o daño a la propiedad. El Propietario puede disponer de cualquier efecto personal abandonado por el Inquilino.

22. INCUMPLIMIENTO. En el evento de que el Inquilino no pague la renta, viole alguno de los términos de este contrato, abandone la propiedad, transfiera cualquier interés del establecimiento por operación legal, en bancarrota o por traspaso a los acreedores, el Inquilino estará en incumplimiento bajo este contrato. Guiado por ese incumplimiento, el Propietario puede terminar este contrato y retomar posesión para su propia cuenta, o puede terminar este contrato y retomar posesión para la cuenta del Inquilino, manteniendo al Inquilino responsable por cualquier pérdida de alquiler; o puede dejar que la unidad permanezca vacante y declare el balance total que quede de renta a ser pagado inmediatamente.

23. ENTREGA DE LA UNIDAD. Al expirar el término de este contrato, el Inquilino entregará inmediatamente la propiedad en tan buenas condiciones como al principio de este contrato. El Inquilino le entregará al Propietario todas las llaves del establecimiento, incluyendo las llaves que el Inquilino o sus agentes hayan hecho.

24. SUBORDINACIÓN. El interés del Inquilino por la propiedad estará sujeto a cualquier gravamen que se ponga sobre la propiedad ahora y en lo sucesivo, a cualquier avance que se haga bajo esos gravámenes y a cualquier extensión o renovación que se haga de allí en adelante. El Inquilino se compromete a firmar cualquier documento indicando tal subordinación que puedan requerir los prestamistas.

25. GRAVÁMENES MECÁNICOS. El Inquilino no tendrá poder ni autoridad para crear ningún gravamen ni permitir que ningún gravamen se adjunte al presente bien, reversión u otro bien del Propietario

en la propiedad aquí traspasada o en el edificio u otras mejoras subsiguientes, y todo material, hombres, contratistas, artesanos, mecánicos y trabajadores y otras personas que traten con el Inquilino con respecto al traspaso o transferencia del local o parte del mismo, están, por este medio, siendo notificadas que deben buscar al Inquilino para obtener el pago de cualquier cuenta por algún trabajo que se haya hecho o material que se haya proporcionado o por cualquier otro propósito durante el término de este contrato. Si alguno de esos gravámenes se adjunta, o se hace reclamo de gravamen, contra el establecimiento traspasado o contra el edificio del cual ese local forma parte, o en el terreno en el cual se erigió el edificio y no será exonerado por pago, bono o algo parecido dentro de los treinta (30) días de esa notificación, el Propietario tendrá la opción de pagarlo o saldar el mismo y el Inquilino se compromete a rembolsar al Propietario rápidamente cuando se le requiera.

26. DOMINIO EMINENTE. En el evento de que alguna parte de la propiedad sea tomada por dominio eminente, el Propietario tendrá derecho a los daños adjudicados por disminución de honorarios e inquilinato. En el caso de que sólo una parte del establecimiento se tome, y el resto todavía sea arrendable, la renta será prorrateada y el Inquilino sólo será responsable por la porción del local que todavía se pueda usar.

27. CONVENIO COMPLETO. Este contrato constituye un acuerdo en su totalidad entre las partes y no puede ser modificado excepto por escrito y firmado por ambas partes.

28. RENUNCIA. Una o más renuncias a cualquier pacto, convenio o condición de parte del Propietario no deberá ser interpretada como una renuncia a una mayor rupturadel mismo pacto o condición.

29. HONORARIOS DE ABOGADO. En el caso de que haya algún proceso legal en referencia a este acuerdo, incluyendo actos de apelación, la parte predominante tendrá derecho a un honorario de abogado razonable. Los "trámites legales" incluirán cualquier servicio legal usado anteriormente al comienzo del litigio.

30. RENUNCIA A UN JURADO. Tanto el Propietario como el Inquilino, por este medio, renuncian a un jurado en cualquier acción que surja de este acuerdo.

31. SEPARATIVA. Si cualquier provisión de este contrato fuera o se tornara inválida, esa invalidez no afectará en ninguna manera ninguna de las otras provisiones de este contrato, el cual continuará manteniendo por completo su validez y efecto.

32. RELACIÓN ENTRE LAS PARTES. Nada aquí contenido será considerado o interpretado por las partes en el presente (escritura), ni por una tercera parte, como si se estuviera creando la relación de principal y agente o de sociedad o de empresa colectiva entre las partes presentes, entendiéndose y acordando que ni el método de computación de la renta ni ninguna otra provisión aquí incluida se considerará que cree ninguna relación entre las partes aquí presentes más que la relación de Propietario e Inquilino.

33. NOTIFICACIONES. Cualquier notificación que las partes den en este contrato debe ser servida por correo certificado a las siguientes direcciones o a cualquier otra dirección que se haya proporcionado por escrito:
Propietario: _____
Inquilino: _____

34. REGISTRO. Este contrato no se registrará en ningún registro público.

35. DIVERSAS CLÁUSULAS. _____.

TESTIGO de las manos y sellos de las partes en la presente escritura este _____ día de _____, _____.

Testigos: Propietario:

_____   _____

_____   _____

                                                   Inquilino:

_____   _____

_____   _____

GARANTÍA: En consideración de la aceptación del Propietario del contrato arriba mencionado, los abajo firmantes en conjunto y por separado garantizan el pago total y el cumplimiento de todas las obligaciones del Inquilino bajo este contrato.

                                   _____
                                   Garante

                                   _____
                                   Garante

Se ha dejado esta página en blanco intencionalmente.

CONTRATO DE ARRIENDO COMERCIAL—FORMA BREVE

PROPIETARIO:_____   INQUILINO:_____

EN CONSIDERACIÓN de los convenios y acuerdos mutuos aquí incluidos, el Propietario alquila al Inquilino y el Inquilino alquila del Propietario la propiedad arriba descrita bajo los siguientes términos y condiciones:

    1. LOCAL o ESTABLECIMIENTO. El establecimiento consiste de un _____ de aproximadamente _____ pies cuadrados ubicados en _____ junto con el uso común con otros Inquilinos del estacionamiento, caminos, pasillos y otras áreas públicas.

    2. TÉRMINO. El término de este contrato será por un período de _____ meses comenzando a las 12:01 de la madrugada en _____, _____ y terminando a la medianoche del _____,_____.

    3. RENTA. La renta básica por el primer año de este contrato será de $_____ por mes, junto con cualquier impuestos de venta o uso que se venza por el alquiler del establecimiento.

    4. PAGO DE LA RENTA. El Propietario debe recibir el pago del alquiler en o antes de la fecha de vencimiento en la siguiente dirección: _____ o en aquél lugar que el Propietario haya designado por escrito. El Inquilino debe entender que esto requiere que se envíe temprano por correo. En caso de que el cheque rebote, el Propietario puede requerir dinero en efectivo o certificado.

    5. DEPÓSITO DE SEGURIDAD. El Inquilino le pagará al Propietario la suma de $_____ como el último mes de renta bajo este contrato, más la suma de $_____ como depósito de seguridad.

    6. SERVICIOS PÚBLICOS. El Inquilino se hará responsable de todos los cargos de electricidad, gas, agua, alcantarillado u otros aparatos proporcionados al establecimiento. Cualquiera de esos cargos que no sean facturados directamente al Inquilino serán reembolsados al Propietario todos los meses al presentar el estado de cuentas.

    7. MANTENIMIENTO y REPARACIONES. El Propietario mantendrá los cimientos, las paredes externas y el techo del establecimiento así como las áreas comunes en buenas condiciones, excepto que el Propietario no se hará responsable por ninguna reparación ocasional por actos del Inquilino, sus agentes o empleados. El Inquilino se responsabilizará del mantenimiento y reparaciones del interior del establecimiento, incluyendo los sistemas de refrigeración y de calefacción y toda la parte eléctrica, plomería, maquinaria, cerrajería, puertas, ventanas, persianas y pintura. Todos estas reparaciones se harán con materiales y mano de obra equivalente al original. El Inquilino será responsable del servicio de exterminación del establecimiento.

    8. MODIFICACIONES y MEJORAMIENTOS. El Inquilino no deberá hacer modificaciones ni mejoramientos a la propiedad (incluyendo pintura) sin el consentimiento por escrito del Propietario, y esas modificaciones pasarán a ser propiedad del Propietario excepto que esté acordado de otra manera por escrito.

    9. TRASPASO y SUBARRENDAMIENTO. El Inquilino no asignará este Contrato, ni transferirá de ninguna manera ningún interés en el establecimiento ni subarrendará el local ni ninguna parte del mismo sin el consentimiento escrito del Propietario.

    10. USO. El establecimiento deberá usarse sólo como _____ y no se usará para ninguna razón ilegal o en violación de ninguna ley de reglamentación urbanística o de restricciones a la propiedad.

    11. LEYES AMBIENTALES. El Inquilino cumplirá estrictamente con todas las leyes y regulaciones locales, estatales, federales y ambientales. En el caso de que el Inquilino viole esas leyes, el Propietario puede terminar su contrato. El Inquilino continuará siendo responsable por eliminar esa violación y por cualquier otro costo, multa o penalidad basada en tal violación.

12. ÁREAS DE ESTACIONAMIENTO. El Inquilino tendrá el uso no exclusivo de espacio para estacionar para ____ carros. El uso de tales áreas de estacionamiento será en todo momento sujetas a tales reglas y regulaciones razonables como el Propietario las indique.

13. RESPONSABILIDAD. El Inquilino se compromete a mantener al Propietario libre de cualquier reclamo de daños a la propiedad, y será exclusivamente responsable de asegurar sus propias pertenencias en la unidad.

14. SEGURO. El Inquilino mantendrá por el término de este contrato, una póliza de seguro de responsabilidad que cubra al Inquilino y al Propietario contra cualquier obligación que se presente de cualquier daño en o cerca de la propiedad. El límite de tal póliza será de $_____/$_____ por perjuicio personal y $_____ por daño a la propiedad. El Propietario será beneficiario de las pérdidas en esa póliza.

15. INCENDIO o ACCIDENTE. En el caso de que la propiedad sea parcialmente dañada por un incendio u otro accidente, el Propietario la reparará dentro de los noventa (90) días. En el caso de que la propiedad esté destruida o sea insostenible, la renta disminuirá y el Propietario podrá reconstruir la propiedad dentro de los noventa (90) días o podrá cancelar este contrato.

16. ACCESO. El Propietario se reserva el derecho de entrar a la propiedad para poder inspeccionarla, repararla o mostrarla a posibles futuros inquilinos o compradores.

17. CERRADURAS. Si el Inquilino agrega o cambia las cerraduras en el local, le debe entregar copia de las llaves al Propietario, quien debe tener las llaves en todo momento para tener acceso al establecimiento.

18. DOMINIO EMINENTE. En el evento de que alguna parte de la propiedad sea tomada por dominio eminente o supremo, el Propietario tendrá derecho a los daños adjudicados por disminución de honorarios e inquilinato y este contrato terminará.

19. ACCESORIOS. Cualquier accesorio que el Inquilino haya instalado en el establecimiento se convertirá en propiedad del Inquilino siempre que el Inquilino no haya incumplido bajo este contrato y siempre que después de esa destitución, la propiedad se restaure a su condición original. Los aparatos de iluminación y los equipos de plomería, calefacción y aire acondicionado, los haya instalado el Inquilino o no, no se removerán y pasarán a ser propiedad del Propietario.

20. ABANDONO. En el evento de que el Inquilino abandone la propiedad antes de que este contrato expire, el Propietario puede volver a asignar el local o establecimiento y mantener al Inquilino responsable por cualquier costo, pérdida de alquiler o daño a la propiedad. El Propietario puede disponer de cualquier efecto personal abandonado por el Inquilino.

21. INCUMPLIMIENTO y SOLUCIONES. En el evento de que el Inquilino no pague la renta, viole alguno de los términos de este contrato, abandone la propiedad, transfiera cualquier interés del establecimiento por operación legal, en bancarrota o por traspaso a los acreedores, el Inquilino estará en incumplimiento bajo este contrato. Guiado por ese incumplimiento, el Propietario puede terminar este contrato y retomar posesión para su propia cuenta, o puede terminar este contrato y retomar posesión para la cuenta del Inquilino, manteniendo al Inquilino responsable por cualquier pérdida de alquiler; o puede dejar que la unidad permanezca vacante y declare el balance total que quede de renta a ser pagado inmediatamente.

22. ENTREGA DE LA UNIDAD. Al expirar el término de este contrato, el Inquilino entregará inmediatamente la propiedad in tan buenas condiciones como al principio de este contrato. El Inquilino le entregará al Propietario todas las llaves del establecimiento, incluyendo las llaves que el Inquilino o sus agentes hayan hecho.

23. GRAVÁMENES MECÁNICOS. El bien del Propietario no estará sujeto a ningún gravamen debido a mejoramientos que haya contraído el Inquilino.

24. HONORARIOS DE ABOGADO. En el caso de que el Propietario deba usar los servicios de un abogado para hacer cumplir este acuerdo, el Inquilino le pagará al Propietario los honorarios del abogado.

25. SUBORDINACIÓN. El interés del Inquilino por la propiedad estará sujeto a cualquier gravamen que se ponga sobre la propiedad ahora y en lo sucesivo, a cualquier avance que se haga bajo esos gravámenes y a cualquier extensión o renovación que se haga de allí en adelante. El Inquilino se compromete a firmar cualquier documento indicando tal subordinación que puedan requerir los prestamistas.

26. RENUNCIA. Cualquier falla del Propietario de poner en efecto sus derechos bajo este acuerdo no constituirá una renuncia a los derechos legales del Propietario.

27. SEPARATIVA. Si cualquier provisión de este contrato fuera o se tornara inválida, esa invalidez no afectará en ninguna manera ninguna de las otras provisiones de este contrato, el cual continuará manteniendo por completo su validez y efecto.

Propietario: _____

Inquilino: _____

28. REGISTRO. Este contrato no se registrará en ningún registro público.

29. DIVERSAS CLÁUSULAS. _____

_____ .

TESTIGO de las manos y sellos de las partes en la presente escritura este _____ día de

_____, _____.

Testigos: Propietario:

_____   _____

_____   _____

                                               Inquilino:

_____   _____

_____   _____

GARANTÍA: En consideración de la aceptación del Propietario del contrato arriba mencionado, los abajo firmantes en conjunto y por separado garantizan el pago total y el cumplimiento de todas las obligaciones del Inquilino bajo este contrato.

_____

Garante

_____

Garante

Se ha dejado esta página en blanco intencionalmente.

CONTRATO DE ALQUILER DE UN ESPACIO EN UN DEPÓSITO

PROPIETARIO:_____   INQUILINO:_____

Descripción del espacio alquilado: _____

EN CONSIDERACIÓN de los convenios y condiciones mutuos aquí incluidos, el Propietario por este medio arrienda al Inquilino y el Inquilino por la presente alquila del Propietario la propiedad arriba descrita, bajo los siguientes términos y condiciones:

    1. TÉRMINO. Este contrato comenzará el _____, _____, y terminará el _____, _____.

    2. RENTA. La renta será de $_____ por mes y se vencerá el o antes del _____ día de cada mes. En el caso de que la renta se reciba más de _____ días tarde, se deberá pagar una cuota de $_____. En el caso de que un cheque rebote, habrá que pagar una cuota de $_____.

    3. INCUMPLIMIENTO. En caso de que el Inquilino no pagara la renta bajo este acuerdo, el Propietario puede negarle acceso hasta que pague por completo y cuando el alquiler lleve más de 30 días de atraso, el Propietario puede remover cualquier propiedad en el espacio de depósito y realquilarlo a un nuevo Inquilino.

    4. GRAVAMEN. El Propietario tendrá un gravamen sobre cualquier propiedad y tendrá el derecho de vender la propiedad en una venta pública o privada o como lo provea la ley.

    5. USO. El Inquilino no tendrá en el espacio de depósito ninguna sustancia explosiva, inflamable, peligrosa o ilegal ni ningún animal o animal doméstico. El Inquilino no asignará ni subalquilará el espacio de depósito. El Inquilino respetará las normas y regulaciones del Propietario aquí adjuntas. El Propietario tendrá el derecho de entrar al espacio de depósito para inspeccionarlo o repararlo. El Inquilino no hará modificaciones al espacio de depósito sin el consentimiento escrito del Propietario.

    6. RESPONSABILIDAD. Este acuerdo está hecho con la condición expresa de que, aunque el Propietario ejercerá un cuidado razonable en la operación de la propiedad, el Propietario no se hará responsable por la pérdida o daño ocasionado al Inquilino.

    7. ACCIDENTES. En el caso de que la propiedad se dañara por incendio u otro accidente y se pronunciara insostenible, cualquiera de las partes puede cancelar este acuerdo.

    8. DEPÓSITO DE SEGURIDAD. El Inquilino depositará con el Propietario la suma de $_____ para que se la devuelva al terminar este acuerdo siempre que el Inquilino no esté en incumplimiento acerca de esto.

    9. TERMINACIÓN. Este acuerdo terminará según lo estipulado arriba en el párrafo 1, excepto que sea renovado o extendido por escrito por las dos partes aquí mencionadas.

    EN FE DE LO CUAL, las partes han ejecutado este contrato el _____ día de _____, _____.

PROPIETARIO: INQUILINO:

_____   _____

Se ha dejado esta página en blanco intencionalmente.

PACTO DE ALQUILER DE UN ESPACIO EN UN DEPÓSITO

PROPIETARIO:_____   INQUILINO:_____

_____   _____

Descripción del espacio alquilado: _____

_____

EN CONSIDERACIÓN de los convenios y condiciones mutuos aquí incluidos, el Propietario por este medio arrienda al Inquilino y el Inquilino por la presente alquila del Propietario la propiedad arriba descripta, bajo los siguientes términos y condiciones:

1. TÉRMINO. Este contrato comenzará el _____, _____, y continuará como está aquí estipulado.

2. RENTA. La renta será de $_____ por mes y se vencerá el o antes del _____ día de cada mes. En el caso de que la renta se reciba más de _____ días tarde, se deberá pagar una cuota de $_____. En el caso de que un cheque rebote, habrá que pagar una cuota de $_____.

3. INCUMPLIMIENTO. En caso de que el Inquilino no pagara la renta bajo este acuerdo, el Propietario puede negarle acceso hasta que pague por completo y cuando el alquiler lleve más de 30 días de atraso, el Propietario puede remover cualquier propiedad en el espacio de depósito y realquilarlo a un nuevo Inquilino.

4. GRAVAMEN. El Propietario tendrá un gravamen sobre cualquier propiedad y tendrá el derecho de vender la propiedad en una venta pública o privada o como lo provea la ley.

5. USO. El Inquilino no mantendrá en el espacio de depósito ninguna sustancia explosiva, inflamable, peligrosa o ilegal ni ningún animal o animal doméstico. El Inquilino no asignará ni subalquilará el espacio de depósito. El Inquilino respetará las normas y regulaciones del Propietario aquí adjuntas. El Propietario tendrá el derecho de entrar al espacio de depósito para inspeccionarlo o repararlo. El Inquilino no hará modificaciones al espacio de depósito sin el consentimiento escrito del Propietario.

6. RESPONSABILIDAD. Este acuerda está hecho con la condición expresa de que, aunque el Propietario ejercerá un cuidado razonable en la operación de la propiedad, el Propietario no se hará responsable por la pérdida o daño ocasionado al Inquilino.

7. ACCIDENTES. En el caso de que la propiedad se dañara por incendio u otro accidente y se pronunciara insostenible, cualquiera de las partes puede cancelar este acuerdo.

8. DEPÓSITO DE SEGURIDAD. El Inquilino depositará con el Propietario la suma de $_____ para que se la devuelva al terminar este acuerdo siempre que el Inquilino no esté en incumplimiento acerca de esto.

9. TERMINACIÓN. Este acuerdo puede ser terminado por cualquiera de las dos partes al dar notificación escrita de por lo menos 30 días antes del fin de cual mes de renta.

EN FE DE LO CUAL, las partes han ejecutado este contrato el _____ día de _____, _____.

PROPIETARIO: INQUILINO:

_____   _____

Se ha dejado esta página en blanco intencionalmente.

CUADRO A
Inventario de Muebles

ARTEFACTOS DOMÉSTICOS
- ____ Licuadora
- ____ Parrilla
- ____ Abridor de Latas
- ____ Radio Reloj
- ____ Relojes
- ____ Secador de Ropa
- ____ Sartén Eléctrica
- ____ Eliminador de Basura
- ____ Lustrador de Pisos
- ____ Secador de Pelo
- ____ Triturador de Hielo
- ____ Plancha al Vapor
- ____ Tabla de Planchar
- ____ Afilador de Cuchillos
- ____ Batidora
- ____ Equipo Fonográfico
- ____ Radios
- ____ Refrigerador
- ____ Asador
- ____ Estufa
- ____ Televisión
- ____ Tostadora
- ____ Aspiradora
- ____ Wafflera
- ____ Máquina de Lavar

VAJILLA & CRISTALERÍA
- ____ Tazones para Batir
- ____ Tazones para Servir
- ____ Tazones para Sopa
- ____ Cafeteras
- ____ Jarrita para Crema
- ____ Tazas
- ____ Platos para Cena
- ____ Tacitas para Hevos
- ____ Bols para Fruta
- ____ Utensilios de Vidrio para Cocinar
- ____ Vasos
- ____ Fuentes
- ____ Pasteleras
- ____ Ensaladeras
- ____ Salseras
- ____ Platitos
- ____ Platos para Servir
- ____ Azucareras
- ____ Tetera
- ____ Jarras de Agua

MUEBLES Y ACCESORIOS
- ____ Ceniceros
- ____ Cama Simple
- ____ Cama Doble
- ____ Alfombras
- ____ Sillas, Sillón

- ____ Sillas para Cenar
- ____ Sillas de Cocina
- ____ Cajonas
- ____ Consolas
- ____ Cortinas de Dormitorio
- ____ Cortinas de Baño
- ____ Cortinas de Cocina
- ____ Escritorio
- ____ Cortinas del Comedor
- ____ Cortinas de la Sala
- ____ Aparador/cómoda
- ____ Lámparas
- ____ Colchones
- ____ Espejos de Pared
- ____ Cuadros
- ____ Persianas
- ____ Sofás
- ____ Mesas de Café
- ____ Mesas de Consola
- ____ Mesas de Comedor
- ____ Mesas Esquineras
- ____ Mesas de Cocina
- ____ Mesas, Misc.
- ____ Barras para Colgar Toallas
- ____ Floreros
- ____ Canastos

UTENSILIOS DE COCINA
- ____ Torteras
- ____ Tablas de Cortar Pan
- ____ Escobas
- ____ Baldes
- ____ Tortera
- ____ Frascos Botes
- ____ Abridores de Latas
- ____ Cafeteras
- ____ Coladores
- ____ Tenedores para Cocinar
- ____ Escurridor de Platos y Bandeja
- ____ Paila para Fregar Platos
- ____ Ollitas de Baño María
- ____ Palas
- ____ Batidores de Huevos
- ____ Tamizadores
- ____ Sartenes
- ____ Ralladores
- ____ Cuchillos de Carnicero
- ____ Otros Cuchillos
- ____ Bols para Batir
- ____ Trapeadores
- ____ Moldes para Pancitos
- ____ Platos de Postre
- ____ Moledores de Papas
- ____ Asadores/Tostadores
- ____ Palos de Amasa
- ____ Salseras

- ____ Filtros de Fregadero
- ____ Sartenes
- ____ Jaboneras
- ____ Teteras
- ____ Bandejas

ROPA BLANCA
- ____ Alfombrillos de Baño
- ____ Alfombras de Baño
- ____ Cubrecamas
- ____ Frazadas Dobles
- ____ Mantas Simples
- ____ Mantas Eléctricas
- ____ Cubre Colchones
- ____ Servilletas
- ____ Fundas para Almohadas
- ____ Sábanas, Simples
- ____ Sábanas, Dobles
- ____ Cortinas de Baño
- ____ Manteles
- ____ Toallas de Baño
- ____ Toallas de Mano
- ____ Toallitas

CUBIERTOS
- ____ Cuchillos, Mantequilla
- ____ Tenedores
- ____ Cuchillos
- ____ Tenedores de Ensalada
- ____ Cucharas Soperas
- ____ Cucharas para Azúcar
- ____ Cucharitas
- ____ Cucharas

MISCELÁNEOS
- ____ Bombillas Eléctricas (voltaje estatal)
- ____ Llaves (describir)
- ____ Varas de Cortinas

Liste otros artículos al otro lado. Todos los artículos están en buenas condiciones excepto que diga lo contrario.

Se ha dejado esta página en blanco intencionalmente.

ENMIENDAS EN EL CONTRATO O PACTO DE ALQUILER

Las partes abajo firmantes referentes al acuerdo fechado _____ , _____ en la propiedad conocida como _____ , acuerdan por la presente enmendar ese acuerdo de la siguiente manera:

TESTIGO de las manos y sellos de las partes en la presente escritura este _____ día de _____ , _____ .

Propietario: Inquilino:

_____   _____

_____   _____

Se ha dejado esta página en blanco intencionalmente.

TRASPASO DE CONTRATO DE ALQUILER

Este Traspaso de Contrato de Alquiler forma parte entre _____
_____ (el "Transferidor"), _____, (el "Beneficiario"),
y _____ (el "Propietario").
Por causa valiosa, se acuerda entre las partes lo siguiente:

1. El Propietario y el Transferidor han celebrado un acuerdo de contrato de alquiler (el "Contrato de Alquiler") fechado _____, referente a la propiedad descrita como:

2. El Transferidor por este medio transfiere y traspasa al Beneficiario todos los derechos del Transferidor y delega todos los deberes del Transferidor bajo el Contrato de Alquiler efectivo _____ (la "Fecha Efectiva").

3. El Beneficiario por este medio acepta tal traspaso de derechos y delegación de obligaciones y se compromete a pagar todos los alquileres rápidamente cuando venzan y a desempeñar todas las obligaciones del Transferidor bajo el Contrato de Alquiler que se acumulen cerca y después de la Fecha Efectiva. El Beneficiario, adicionalmente, está de acuerdo en indemnificar y librar al Transferidor de cualquier ruptura de las responsabilidades del Beneficiario conforme a la presente escritura.

4.__   El Transferidor está de acuerdo en transferir posesión de la propiedad alquilada al Beneficiario en la Fecha Efectiva. Todos los alquileres y obligaciones del Transferidor bajo este Contrato de Alquiler que se acumulen antes de la Fecha Efectiva se habrán pagado o eximido.

__   El Propietario, por este medio, asienta que el traspaso del Contrato de Alquiler conforme al presente y, en la Fecha Efectiva por el presente exonera y exime al Transferidor de todos los cargos y obligaciones bajo ese Contrato de Alquiler que se acumulen después de la Fecha Efectiva.

__   El Propietario, por este medio, consiente a este traspaso de contrato de alquiler siempre que el consentimiento del Propietario no exima al Transferidor de ninguna obligación bajo ese Contrato de Alquiler en el evento de ruptura por parte del Beneficiario. El Propietario le notificará al Transferidor de cualquier ruptura por parte del Beneficiario. Si el Transferidor paga todas las rentas acumuladas y remedia cualquier otro incumplimiento del Beneficiario, el Transferidor puede hacer cumplir los términos del Contrato de Alquiler y de este Traspaso contra el Beneficiario, en el nombre del Propietario, si es necesario.

5. No habrá más traspaso del Contrato de Alquiler sin el consentimiento escrito del Propietario.

6. Este acuerdo será ratificado y entrará en efecto para el beneficio de las partes, sus sucesores, beneficiarios y representantes personales.

Este traspaso fue ejecutado bajo sello el _____ .

226

Trasferidor: Beneficiario:

_____   _____

_____   _____

Propietario:

_____

_____

DECLARACIÓN DE INFORMACIÓN SOBRE PINTURA BASADA EN PLOMO Y/O PELIGROS DE LA PINTURA BASADA EN PLOMO

Declaración de Aviso Sobre el Plomo

Las casas construidas antes de 1978 pueden contener pintura basada en plomo. Plomo de pintura, pedacitos, astillitas de plomo y polvo puede presentar peligros de salud si no se manejan adecuadamente. El estar expuesto al plomo es especialmente dañino para los niños pequeños y para las mujeres embarazadas. Antes de alquilar casas construidas antes de 1978, los arrendadores deben revelar la presencia de pintura basada en plomo conocida y/o de los peligros de la pintura basada en plomo en la residencia. Los inquilinos deben también recibir un panfleto aprobado federalmente sobre la prevención del envenenamiento por plomo.

Declaración del Arrendador

(a)   La presencia de pintura basada en plomo y/o peligros de la   pintura basada en plomo [marque (i) o (ii) abajo]:

      (i) _____   Se sabe que en la vivienda existe pintura basada en plomo o peligros de pintura basada en plomo (explique).

_____
_____

_____
_____

      (ii) _____   El Arrendador no tiene conocimiento de que haya pintura basada en plomo o peligros de pintura basada en plomo en la vivienda.

(b) Registros y reportes disponibles al arrendador [marque (i) o (ii) abajo]:

      (i) _____   El Arrandador ha proporcionado al inquilino todos los registros y reportes disponibles pertenecientes a la pintura basada en plomo y a los peligros de la misma en la vivienda (liste los documentos abajo).

      (ii) _____   El Arrendador no tiene registros ni reportes   pertenecientes a la pintura basada en plomo y/o a los peligros de la misma en la vivienda.

Reconocimiento del Inquilino (inicial)

(c) _____   El Inquilino ha recibido copias de toda la información arriba indicada.

(d) _____   El Inquilino ha recibido el folleto *Proteja a Su familia del Plomo en Su Casa.*

Reconocimiento del Agente (inicial)

(e) _____   El Agente ha informado al arrendador de las obligaciones que tiene el arrendador bajo 42U.S.C.4852(d) y está enterado de su responsabilidad para asegurarse de que se cumpla.

Certificación de Exactitud

Las siguientes partes han revisado la información de arriba y certifican que, según su entender, la información que han proporcionado es fiel y exacta.

Arrendador	Fecha	Arrendador	Fecha
Inquilino	Fecha	Inquilino	Fecha
Agente	Fecha	Agente	Fecha

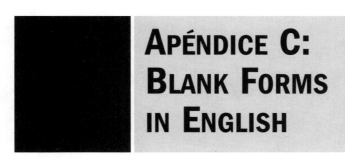

APÉNDICE C:
BLANK FORMS
IN ENGLISH

This section includes forms that can be useful in many situations. Keep in mind that these are general forms and not all the clauses may fit your particular situation. You should read them carefully and also read the explanation in this book for each clause. You should weigh the cost of having them reviewed by an attorney against the amount of money you have at risk in the lease. As mentioned in other parts of this book, local law may overrule your lease. You should learn what laws in your area apply to rentals. One helpful step is to obtain copies of leases promulgated by the local bar association or Board of Realtors.®

Although you may want to retype your own leases, these forms can be torn out and copied for you use.

TENANT APPLICATION

Name_____ Date of Birth _____

Name_____ Date of Birth _____

Soc. Sec. Nos. _____

Drivers' License Nos. _____

Children & Ages _____

Present Landlord_____ Phone _____

Address _____ How Long? _____

Previous Landlord_____ Phone _____

Address _____

Second Previous Landlord_____ Phone _____

Address _____

Nearest Relative_____ Phone _____

Address _____

Employer_____ Phone _____

Address _____

Second Applicant's Employer_____ Phone _____

Address _____

Pets _____

Other persons who will stay at premises for more than one week _____

_____

Bank Name_____ Acct. # _____

Bank Name_____ Acct. # _____

Have you ever been evicted? _____

Have you ever been in litigation with a landlord? _____

The undersigned hereby attest that the above information is true.

_____   _____

_____   _____

This page is intentionally left blank.

HOUSE LEASE

LANDLORD:_____   TENANT:_____

_____   _____

PROPERTY:_____

IN CONSIDERATION of the mutual covenants and agreements herein contained, Landlord hereby leases to Tenant and Tenant hereby leases from Landlord the above-described property together with any personal property listed on "Schedule A" attached hereto, under the following terms and conditions:

1. TERM. This lease shall be for a term of _____ beginning _____, _____ and ending _____, _____.

2. RENT. The rent shall be $_____ per _____ and shall be due on or before the _____ day of each _____. In the event the full amount of rent is not received on the due date, a late charge of $_____ shall be due. In the event a check is returned unpaid or an eviction notice must be posted, Tenant agrees to pay a $_____ charge.

3. PAYMENT. Payment must be received by Landlord on or before the due date at the following address: _____ or such place as designated by Landlord in writing. Tenant understands that this may require early mailing. In the event a check is returned unpaid, Landlord may require cash or certified funds.

4. DEFAULT. In the event Tenant defaults under any term of this lease, Landlord may recover possession as provided by law and seek monetary damages.

5. SECURITY. Tenant shall pay Landlord the sum of $_____ as the last month's rent under this lease, plus $_____ as security deposit. In the event Tenant terminates the lease prior to its expiration date, said amounts are non-refundable as a charge for Landlord's trouble in finding a new tenant, but Landlord reserves the right to seek additional damages if they exceed the amount of deposits.

6. UTILITIES. Tenant agrees to pay all utility charges on the property except: _____ _____.

7. MAINTENANCE. Tenant has examined the property, acknowledges it to be in good repair and in consideration of the reduced rent, Tenant agrees to be responsible for and to promptly complete all maintenance to the premises.

8. LOCKS. If Tenant adds or changes locks on the premises, Landlord shall be given copies of the keys. Landlord shall at all times have keys for access to the premises in case of emergencies.

9. ASSIGNMENT. Tenant may not assign this lease or sublet any part of the premises without Landlord's written consent, which consent shall be at Landlord's sole discretion.

10. USE. Tenant agrees to use the premises for residential purposes only and not for any illegal purpose or any purpose which will increase the rate of insurance. Tenant further agrees not to violate any zoning laws or subdivision restrictions or to engage in any activity which would injure the premises or constitute a nuisance to the neighbors or Landlord.

11. LAWN. Tenant shall be responsible for maintaining the lawn and shrubbery on the premises at Tenant's expense and for any damages caused by his neglect or abuse thereof.

12. LIABILITY. Tenant agrees to hold Landlord harmless from any and all claims for damages occurring on the premises, and to be solely responsible for insuring Tenant's own possessions on the premises.

13. ACCESS. Landlord reserves the right to enter the premises for the purposes of inspection, repair, or showing to prospective tenants or purchasers.

14. PETS. No pets shall be allowed on the premises except: _____ and there shall be a non-refundable $_____ pet deposit. Landlord reserves the right to revoke consent if pet becomes a nuisance.

15. OCCUPANCY. The premises shall not be occupied by more than _____ persons.

16. TENANT'S APPLIANCES. Tenant agrees not to use any heaters, fixtures or appliances drawing excessive current without the written consent of the Landlord.

17. PARKING. Tenant agrees that no parking is allowed on the premises except:_____ _____. Campers, trailers, boats, recreational vehicles or inoperable vehicles shall not be stored on the premises without the written consent of the Landlord.

18. FURNISHINGS. Tenant acknowledges receipt of the items listed on "Schedule A" attached hereto and agrees to return them in good condition at the end of this lease.

19. ALTERATIONS AND IMPROVEMENTS. Tenant shall make no alterations or improvements to the premises (including paint) without the written consent of the Landlord and any such alterations or improvements shall become the property of the Landlord unless otherwise agreed in writing.

20. ENTIRE AGREEMENT. This lease constitutes the entire agreement between the parties and may not be modified except in writing signed by both parties.

21. HARASSMENT. Tenant shall not do any acts to intentionally harass the Landlord or other tenants.

22. ATTORNEY'S FEES. In the event Landlord must use the services of an attorney to enforce this agreement, Tenant shall pay Landlord's attorney's fees.

23. SEVERABILITY. In the event any section of this agreement shall be held to be invalid, all remaining provisions shall remain in full force and effect.

24. RECORDING. This lease shall not be recorded in any public records.

25. WAIVER. Any failure by Landlord to exercise any rights under this agreement shall not constitute a waiver of Landlord's rights.

26. ABANDONMENT. In the event Tenant abandons the property prior to the expiration of this lease, Landlord may relet the premises and hold Tenant liable for any costs, lost rent or damage to the premises. Landlord may dispose of any personal property abandoned by Tenant.

27. SUBORDINATION. Tenant's interest in the premises shall be subordinate to any encumbrances now or hereafter placed on the premises, to any advances made under such encumbrances, and to any extensions or renewals thereof. Tenant agrees to sign any documents indicating such subordination which may be required by lenders.

28. SURRENDER OF PREMISES. At the expiration of the term of this lease, Tenant shall immediately surrender possession of the premises in as good condition as at the start of this lease. The Tenant shall turn over to Landlord all keys to the premises, including keys made by Tenant or Tenant's agents.

29. HOLDOVER BY TENANT. If Tenant fails to deliver possession of the premises to Landlord at the expiration of this lease, the tenancy shall still be governed by this lease on a month-to-month basis. If such holdover is without the consent of the Landlord, Tenant shall be liable for double the monthly rent for each month or fraction thereof.

30. DAMAGE TO PREMISES. In the event the premises are damaged or destroyed by fire or other casualty or are declared uninhabitable by a governmental authority, Landlord may terminate this lease or may repair the premises.

31. PEST CONTROL. Tenant agrees to be responsible for pest control and extermination services on the premises, and to keep the premises clean and sanitary to avoid such problems. Tenant shall notify Landlord immediately of any evidence of termites. Landlord shall not be responsible to provide living arrangements for Tenant in the event the premises must be vacated for termite or other pest control treatment.

32. LIENS. The estate of the Landlord shall not be subject to any liens for improvements contracted by Tenant.

33. WATERBEDS. In the event Tenant uses a flotation type bedding device on the premises, Tenant shall maintain an insurance policy of at least $_____ to cover damages from such device and shall list Landlord as a named insured on said policy.

34. MISCELLANEOUS PROVISIONS. _____
_____.

WITNESS the hands and seals of the parties hereto as of this _____ day of _____, _____.

LANDLORD: TENANT:

_____   _____

_____   _____

This page is intentionally left blank.

HOUSE RENTAL AGREEMENT

LANDLORD: _____   TENANT: _____

PROPERTY: _____

IN CONSIDERATION of the mutual covenants and agreements herein contained, Landlord hereby leases to Tenant and Tenant hereby leases from Landlord the above-described property together with any personal property listed on "Schedule A" attached hereto, under the following terms and conditions:

    1. TERM. This rental agreement shall be for a month-to-month tenancy which may be cancelled by either party upon giving notice to the other party at least 30 days prior to the end of the month.

    2. RENT. The rent shall be $_____ per _____ and shall be due on or before the _____ day of each _____. In the event the full amount of rent is not received on the due date, a late charge of $_____ shall be due. In the event a check is returned unpaid or an eviction notice must be posted, Tenant agrees to pay a $_____ charge.

    3. PAYMENT. Payment must be received by Landlord on or before the due date at the following address: _____ or such place as designated by Landlord in writing. Tenant understands that this may require early mailing. In the event a check is returned unpaid, Landlord may require cash or certified funds.

    4. DEFAULT. In the event Tenant defaults under any term of this lease, Landlord may recover possession as provided by law and seek monetary damages.

    5. SECURITY. Tenant shall pay Landlord the sum of $_____ as the last month's rent under this lease, plus $_____ as security deposit. In the event Tenant terminates the lease prior to its expiration date, said amounts are non-refundable as a charge for Landlord's trouble in securing a new tenant, but Landlord reserves the right to seek additional damages if they exceed the amounts of deposits.

    6. UTILITIES. Tenant agrees to pay all utility charges on the property except: _____ .

    7. MAINTENANCE. Tenant has examined the property, acknowledges it to be in good repair and in consideration of the reduced rent, Tenant agrees to be responsible for and to promptly complete all maintenance to the premises.

    8. LOCKS. If Tenant adds or changes locks on the premises, Landlord shall be given copies of the keys. Landlord shall at all times have keys for access to the premises in case of emergencies.

    9. ASSIGNMENT. Tenant may not assign this lease or sublet any part of the premises without Landlord's written consent, which consent shall be at Landlord's sole discretion.

    10. USE. Tenant agrees to use the premises for residential purposes only and not for any illegal purpose or any purpose which will increase the rate of insurance. Tenant further agrees not to violate any zoning laws or subdivision restrictions or to engage in any activity which would injure the premises or constitute a nuisance to the neighbors or Landlord.

    11. LAWN. Tenant shall be responsible for maintaining the lawn and shrubbery on the premises at Tenant's expense and for any damages caused by his neglect or abuse thereof.

    12. LIABILITY. Tenant agrees to hold Landlord harmless from any and all claims for damages occurring on the premises, and to be solely responsible for insuring Tenant's own possessions on the premises.

    13. ACCESS. Landlord reserves the right to enter the premises for the purposes of inspection, repair, or showing to prospective tenants or purchasers.

14. PETS. No pets shall be allowed on the premises except: _____ and there shall be a non-refundable $_____ pet deposit. Landlord reserves the right to revoke consent if pet becomes a nuisance.

15. OCCUPANCY. The premises shall not be occupied by more than _____ persons.

16. TENANT'S APPLIANCES. Tenant agrees not to use any heaters, fixtures or appliances drawing excessive current without the written consent of the Landlord.

17. PARKING. Tenant agrees that no parking is allowed on the premises except: _____

_____.
Campers, trailers, boats, recreational vehicles or inoperable vehicles shall not be stored on the premises without the written consent of the Landlord.

18. FURNISHINGS. Tenant acknowledges receipt of the items listed on "Schedule A" attached hereto and agrees to return them in good condition at the end of this lease.

19. ALTERATIONS AND IMPROVEMENTS. Tenant shall make no alterations or improvements to the premises (including paint) without the written consent of the Landlord and any such alterations or improvements shall become the property of the Landlord unless otherwise agreed in writing.

20. ENTIRE AGREEMENT. This lease constitutes the entire agreement between the parties and may not be modified except in writing signed by both parties.

21. HARASSMENT. Tenant shall not do any acts to intentionally harass the Landlord or other tenants.

22. ATTORNEY'S FEES. In the event Landlord must use the services of an attorney to enforce this agreement, Tenant shall pay Landlord's attorney's fees.

23. SEVERABILITY. In the event any section of this agreement shall be held to be invalid, all remaining provisions shall remain in full force and effect.

24. RECORDING. This lease shall not be recorded in any public records.

25. WAIVER. Any failure by Landlord to exercise any rights under this agreement shall not constitute a waiver of Landlord's rights.

26. ABANDONMENT. In the event Tenant abandons the property prior to the expiration of this lease, Landlord may relet the premises and hold Tenant liable for any costs, lost rent or damage to the premises. Landlord may dispose of any personal property abandoned by Tenant.

27. SUBORDINATION. Tenant's interest in the premises shall be subordinate to any encumbrances now or hereafter placed on the premises, to any advances made under such encumbrances, and to any extensions or renewals thereof. Tenant agrees to sign any documents indicating such subordination which may be required by lenders.

28. SURRENDER OF PREMISES. At the expiration of the term of this lease, Tenant shall immediately surrender possession of the premises in as good condition as at the start of this lease. The Tenant shall turn over to Landlord all keys to the premises, including keys made by Tenant or Tenant's agents.

29. HOLDOVER BY TENANT. If Tenant fails to deliver possession of the premises to Landlord at the expiration of this lease, the tenancy shall still be governed by this lease on a month-to-month basis. If such holdover is without the consent of the Landlord, Tenant shall be liable for double the monthly rent for each month or fraction thereof.

30. DAMAGE TO PREMISES. In the event the premises are damaged or destroyed by fire or other casualty or are declared uninhabitable by a governmental authority, Landlord may terminate this lease or may repair the premises.

31. PEST CONTROL. Tenant agrees to be responsible for pest control and extermination services on the premises, and to keep the premises clean and sanitary to avoid such problems. Tenant shall notify Landlord immediately of any evidence of termites. Landlord shall not be responsible to provide living

arrangements for Tenant in the event the premises must be vacated for termite or other pest control treatment.

     32. LIENS. The estate of the Landlord shall not be subject to any liens for improvements contracted by Tenant.

     33. WATERBEDS. In the event Tenant uses a flotation type bedding device on the premises, Tenant shall maintain an insurance policy of at least $_____$ to cover damages from such device and shall list Landlord as a named insured on said policy.

     34. MISCELLANEOUS PROVISIONS. _____
_____.

     WITNESS the hands and seals of the parties hereto as of this _____ day of _____, _____.

LANDLORD: TENANT:

_____   _____

_____   _____

This page is intentionally left blank.

APARTMENT LEASE

LANDLORD: _____   TENANT: _____

_____   _____

PROPERTY:_____

IN CONSIDERATION of the mutual covenants and agreements herein contained, Landlord hereby leases to Tenant and Tenant hereby leases from Landlord the above-described property together with any personal property listed on "Schedule A" attached hereto, under the following terms and conditions:

    1. TERM. This lease shall be for a term of _____ beginning _____, _____ and ending _____, _____.

    2. RENT. The rent shall be $_____ per _____ and shall be due on or before the _____ day of each _____. In the event the full amount of rent is not received on the due date, a late charge of $_____ shall be due. In the event a check is returned unpaid or an eviction notice must be posted, Tenant agrees to pay a $_____ charge.

    3. PAYMENT. Payment must be received by Landlord on or before the due date at the following address: _____ or such place as designated by Landlord in writing. Tenant understands that this may require early mailing. In the event a check is returned unpaid, Landlord may require cash or certified funds.

    4. DEFAULT. In the event Tenant defaults under any term of this lease, Landlord may recover possession as provided by law and seek monetary damages.

    5. SECURITY. Tenant shall pay Landlord the sum of $_____ as security for the performance of this lease. Said amount shall not be used as rent.

    6. UTILITIES. Tenant agrees to pay all utility charges on the property except: _____ _____.

    7. MAINTENANCE. Tenant has examined the property, acknowledges it to be in good repair and agrees to inform Landlord promptly of any maintenance problems. Tenant agrees to keep the premises in clean and sanitary condition. In the event damage has been done by Tenant or Tenant's guests, either intentionally or negligently, Tenant shall pay for such repairs within ten days.

    8. LOCKS. If Tenant adds or changes locks on the premises, Landlord shall be given copies of the keys. Landlord shall at all times have keys for access to the premises in case of emergencies.

    9. ASSIGNMENT. Tenant may not assign this lease or sublet any part of the premises without Landlord's written consent, which consent shall be at Landlord's sole discretion.

    10. USE. Tenant agrees to use the premises for residential purposes only and not for any illegal purpose or any purpose which will increase the rate of insurance. Tenant further agrees not to violate any zoning laws or subdivision restrictions or to engage in any activity which would injure the premises or constitute a nuisance to the neighbors or Landlord.

    11. CONDOMINIUM. In the event the premises are a condominium unit, Tenant agrees to abide by all applicable rules and regulations. Maintenance and recreation fees are to be paid by _____. This lease is subject to the approval of the condominium association and Tenant agrees to pay any fee necessary for such approval.

12. LIABILITY. Tenant agrees to hold Landlord harmless from any and all claims for damages occurring on the premises, and to be solely responsible for insuring Tenant's own possessions on the premises.

13. ACCESS. Landlord reserves the right to enter the premises for the purposes of inspection, repair, or showing to prospective tenants or purchasers.

14. PETS. No pets shall be allowed on the premises except: _____ and there shall be a non-refundable $_____ pet deposit. Landlord reserves the right to revoke consent if pet becomes a nuisance.

15. OCCUPANCY. The premises shall not be occupied by more than _____ persons.

16. TENANT'S APPLIANCES. Tenant agrees not to use any heaters, fixtures or appliances drawing excessive current without the written consent of the Landlord.

17. PARKING. Tenant agrees that no parking is allowed on the premises except: _____
_____.
Campers, trailers, boats, recreational vehicles or inoperable vehicles shall not be stored on the premises without the written consent of the Landlord.

18. FURNISHINGS. Tenant acknowledges receipt of the items listed on "Schedule A" attached hereto and agrees to return them in good condition at the end of this lease.

19. ALTERATIONS AND IMPROVEMENTS. Tenant shall make no alterations or improvements to the premises (including paint) without the written consent of the Landlord and any such alterations or improvements shall become the property of the Landlord unless otherwise agreed to in writing.

20. ENTIRE AGREEMENT. This lease constitutes the entire agreement between the parties and may not be modified except in writing signed by both parties.

21. HARASSMENT. Tenant shall not do any acts to intentionally harass the Landlord or other tenants.

22. ATTORNEY'S FEES. In the event Landlord must use the services of an attorney to enforce this agreement, Tenant shall pay Landlord's attorney's fees.

23. SEVERABILITY. In the event any section of this agreement shall be held to be invalid, all remaining provisions shall remain in full force and effect.

24. RECORDING. This lease shall not be recorded in any public records.

25. WAIVER. Any failure by Landlord to exercise any rights under this agreement shall not constitute a waiver of Landlord's rights.

26. ABANDONMENT. In the event Tenant abandons the property prior to the expiration of this lease, Landlord may relet the premises and hold Tenant liable for any costs, lost rent or damage to the premises. Landlord may dispose of any personal property abandoned by Tenant.

27. SUBORDINATION. Tenant's interest in the premises shall be subordinate to any encumbrances now or hereafter placed on the premises, to any advances made under such encumbrances, and to any extensions or renewals thereof. Tenant agrees to sign any documents indicating such subordination which may be required by lenders.

28. SURRENDER OF PREMISES. At the expiration of the term of this lease, Tenant shall immediately surrender possession of the premises in as good condition as at the start of this lease. The Tenant shall turn over to Landlord all keys to the premises, including keys made by Tenant or Tenant's agents.

29. HOLDOVER BY TENANT. If Tenant fails to deliver possession of the premises to Landlord at the expiration of this lease, the tenancy shall still be governed by this lease on a month-to-month basis. If such holdover is without the consent of the Landlord, Tenant shall be liable for double the monthly rent for each month or fraction thereof.

30. DAMAGE TO PREMISES. In the event the premises are damaged or destroyed by fire or other casualty or are declared uninhabitable by a governmental authority, Landlord may terminate this lease or may repair the premises.

31. LIENS. The estate of the Landlord shall not be subject to any liens for improvements contracted by Tenant.

32. WATERBEDS. In the event Tenant uses a flotation type bedding device on the premises, Tenant shall maintain an insurance policy of at least $_____ to cover damages from such device and shall list Landlord as a named insured on said policy.

33. MISCELLANEOUS PROVISIONS. _____
_____.

WITNESS the hands and seals of the parties hereto as of this _____ day of
_____, _____.

LANDLORD: TENANT:

_____   _____

_____   _____

This page is intentionally left blank.

APARTMENT RENTAL AGREEMENT

LANDLORD:_____   TENANT:_____

_____   _____

PROPERTY:_____

IN CONSIDERATION of the mutual covenants and agreements herein contained, Landlord hereby leases to Tenant and Tenant hereby leases from Landlord the above-described property together with any personal property listed on "Schedule A" attached hereto, under the following terms and conditions:

    1. TERM. This rental agreement shall be for a month-to-month tenancy which may be cancelled by either party upon giving notice to the other party at least 30 days prior to the end of the month.

    2. RENT. The rent shall be $_____ per _____ and shall be due on or before the _____ day of each _____. In the event the full amount of rent is not received on the due date, a late charge of $_____ shall be due. In the event a check is returned unpaid or an eviction notice must be posted, Tenant agrees to pay a $_____ charge.

    3. PAYMENT. Payment must be received by Landlord on or before the due date at the following address: _____ or such place as designated by Landlord in writing. Tenant understands that this may require early mailing. In the event a check is returned unpaid, Landlord may require cash or certified funds.

    4. DEFAULT. In the event Tenant defaults under any term of this lease, Landlord may recover possession as provided by law and seek monetary damages.

    5. SECURITY. Tenant shall pay Landlord the sum of $_____ as security for the performance of this lease. Said amount shall not be used as rent.

    6. UTILITIES. Tenant agrees to pay all utility charges on the property except: _____
_____.

    7. MAINTENANCE. Tenant has examined the property, acknowledges it to be in good repair and agrees to inform Landlord promptly of any maintenance problems. Tenant agrees to keep the premises in clean and sanitary condition. In the event damage has been done by Tenant or Tenant's guests, either intentionally or negligently, Tenant shall pay for such repairs within ten days.

    8. LOCKS. If Tenant adds or changes locks on the premises, Landlord shall be given copies of the keys. Landlord shall at all times have keys for access to the premises in case of emergencies.

    9. ASSIGNMENT. Tenant may not assign this lease or sublet any part of the premises without Landlord's written consent, which consent shall be at Landlord's sole discretion.

    10. USE. Tenant agrees to use the premises for residential purposes only and not for any illegal purpose or any purpose which will increase the rate of insurance. Tenant further agrees not to violate any zoning laws or subdivision restrictions or to engage in any activity which would injure the premises or constitute a nuisance to the neighbors or Landlord.

    11. CONDOMINIUM. In the event the premises are a condominium unit, Tenant agrees to abide by all applicable rules and regulations. Maintenance and recreation fees are to be paid by _____. This lease is subject to the approval of the condominium association and Tenant agrees to pay any fee necessary for such approval.

12. LIABILITY. Tenant agrees to hold Landlord harmless from any and all claims for damages occurring on the premises, and to be solely responsible for insuring Tenant's own possessions on the premises.

13. ACCESS. Landlord reserves the right to enter the premises for the purposes of inspection, repair, or showing to prospective tenants or purchasers.

14. PETS. No pets shall be allowed on the premises except: _____ and there shall be a non-refundable $_____ pet deposit. Landlord reserves the right to revoke consent if pet becomes a nuisance.

15. OCCUPANCY. The premises shall not be occupied by more than _____ persons.

16. TENANT'S APPLIANCES. Tenant agrees not to use any heaters, fixtures or appliances drawing excessive current without the written consent of the Landlord.

17. PARKING. Tenant agrees that no parking is allowed on the premises except: _____ _____. Campers, trailers, boats, recreational vehicles or inoperable vehicles shall not be stored on the premises without the written consent of the Landlord.

18. FURNISHINGS. Tenant acknowledges receipt of the items listed on "Schedule A" attached hereto and agrees to return them in good condition at the end of this lease.

19. ALTERATIONS AND IMPROVEMENTS. Tenant shall make no alterations or improvements to the premises (including paint) without the written consent of the Landlord and any such alterations or improvements shall become the property of the Landlord unless otherwise agreed to in writing.

20. ENTIRE AGREEMENT. This lease constitutes the entire agreement between the parties and may not be modified except in writing signed by both parties.

21. HARASSMENT. Tenant shall not do any acts to intentionally harass the Landlord or other tenants.

22. ATTORNEY'S FEES. In the event Landlord must use the services of an attorney to enforce this agreement, Tenant shall pay Landlord's attorney's fees.

23. SEVERABILITY. In the event any section of this agreement shall be held to be invalid, all remaining provisions shall remain in full force and effect.

24. RECORDING. This lease shall not be recorded in any public records.

25. WAIVER. Any failure by Landlord to exercise any rights under this agreement shall not constitute a waiver of Landlord's rights.

26. ABANDONMENT. In the event Tenant abandons the property prior to the expiration of this lease, Landlord may relet the premises and hold Tenant liable for any costs, lost rent or damage to the premises. Landlord may dispose of any personal property abandoned by Tenant.

27. SUBORDINATION. Tenant's interest in the premises shall be subordinate to any encumbrances now or hereafter placed on the premises, to any advances made under such encumbrances, and to any extensions or renewals thereof. Tenant agrees to sign any documents indicating such subordination which may be required by lenders.

28. SURRENDER OF PREMISES. At the expiration of the term of this lease, Tenant shall immediately surrender possession of the premises in as good condition as at the start of this lease. The Tenant shall turn over to Landlord all keys to the premises, including keys made by Tenant or Tenant's agents.

29. HOLDOVER BY TENANT. If Tenant fails to deliver possession of the premises to Landlord at the expiration of this lease, the tenancy shall still be governed by this lease on a month-to-month basis. If such holdover is without the consent of the Landlord, Tenant shall be liable for double the monthly rent for each month or fraction thereof.

30. DAMAGE TO PREMISES. In the event the premises are damaged or destroyed by fire or other casualty or are declared uninhabitable by a governmental authority, Landlord may terminate this lease or may repair the premises.

31. LIENS. The estate of the Landlord shall not be subject to any liens for improvements contracted by Tenant.

32. WATERBEDS. In the event Tenant uses a flotation type bedding device on the premises, Tenant shall maintain an insurance policy of at least \$_____ to cover damages from such device and shall list Landlord as a named insured on said policy.

33. MISCELLANEOUS PROVISIONS. _____

_____.

WITNESS the hands and seals of the parties hereto as of this _____ day of _____, _____.

LANDLORD: TENANT:

_____   _____

_____   _____

This page is intentionally left blank.

COMMERCIAL LEASE

LANDLORD:_____   TENANT:_____

_____   _____

     IN CONSIDERATION of the mutual covenants and conditions herein contained, Landlord leases to Tenant and Tenant leases from Landlord the property described under the following terms and conditions:

     1. PREMISES. The premises leased by Tenant consist of a _____ of approximately _____ square feet located at _____ as measured from exterior surfaces of outside walls and center lines of dividing walls including all plumbing, electrical, sewerage, heating, air conditioning and other utilities fixtures, lines, equipment, pipes, cables and posts thereof together with the common use with other Tenants of all parking, roads and walkways and other public areas.

     2. TERM. The term of this lease shall be for a period of _____ months commencing at 12:01 a.m. on _____, _____, and ending at midnight on _____, _____.

     3. RENT. The base rent for the first year of this lease shall be $_____ per month. For the second and each subsequent year under this lease the rent shall be increased by the same percentage increase as the of the "Consumer Price Index - All Items - U. S. City Average" for the previous twelve months. In addition to the base rent the Tenant shall pay _____% of the charges for real estate taxes, utilities and maintenance of the common areas, together with any sales or use tax due for the rental of the premises.

     4. RENEWAL. Providing that Tenant is not in default under any term of this lease, Tenant is hereby given an option to renew this lease for a term of _____ years. The base rent for the first year of the renewal shall be the amount of rent for the previous year plus the percentage increase of the of the "Consumer Price Index - All Items - U. S. City Average." (CPI) for the previous twelve months. For each subsequent year the rent shall increase according to the CPI. Tenant shall give Landlord written notice sixty (60) days prior to the end of this lease of intent to renew.

     5. PAYMENT OF RENT. Payments must be received by the Landlord on or before the due date at the following address: _____ or such other place as designated by Landlord in writing. Payments sent through the mail are at Tenant's risk, and Tenant acknowledges that early mailing may be required for rent to be received on time. Landlord reserves the right, at any time, to require that the rent be paid in the form of cash or certified funds.

     6. SECURITY. Tenant shall pay to Landlord the sum of $_____ as last month's rent under this lease, plus $_____ as security deposit.

     7. UTILITIES. The Tenant shall be responsible for all charges for electricity, gas, water, sewer, or other utilities supplied to the premises. Any such charges not billed directly to Tenant shall be reimbursed to Landlord each month upon presentation of a statement.

     8. MAINTENANCE & REPAIR. The Landlord shall keep the foundation, outer walls and roof of the premises and the common areas in good repair, except that Landlord shall not be liable for any repairs occasioned by the acts of Tenant, its agents or employees. Tenant shall be responsible for maintenance and repair to the inside of the premises including heating and cooling systems, electrical, plumbing, machinery, hardware, doors, windows, screens, and painting. All

such repairs shall be made with materials and workmanship equivalent to the original. Tenant shall be responsible for extermination service to the premises.

9. ALTERATIONS & IMPROVEMENTS. Tenant shall make no alterations, decoration, additions or improvements in or to the premises without Landlord's prior written consent and then only by contractors or mechanics approved by Landlord. All such work shall be done at such times and in such manner as Landlord may from time to time designate. All alterations, additions or improvements upon the premises, made by either party shall become the property of Landlord, and shall remain upon, and be surrendered with the premises at the termination of this lease. Any mechanic's lien filed against the premises, or the building, for work claimed to have been done for Tenant, shall be discharged by Tenant within ten days thereafter at Tenant's expenses by filing a bond as required by law.

10. ASSIGNMENT & SUBLETTING. The Tenant shall not assign this Lease, or in any manner transfer any interest in the premises or sublet the premises or any part thereof, without the written consent of the Landlord. In the event Tenant is a corporation, and control thereof changes at any time, landlord may declare such event a default under the lease.

11. USE. The premises shall be used only as _____ and shall not be used for any illegal purpose or in violation of any zoning laws or property restrictions. Tenant shall not keep or display any merchandise in any common areas without the written consent of the Landlord. Tenant shall maintain any display windows in neat and clear condition and shall not make any structural alterations to the premises without the written consent of the Landlord. Tenant agrees to at all times conduct his business in a reputable manner and to not hold any auctions, liquidations, fire, or bankruptcy sale without the written consent of the Landlord, which consent shall not unreasonably be withheld.

12. ENVIRONMENTAL LAWS. Tenant shall strictly comply with any and all local, state and federal environmental laws and regulations. In the event Tenant violates any such laws the Landlord may terminate this lease. Tenant shall remain liable for the cleanup of any such violation and for any other costs, fines or penalties based upon such violation.

13. LIABILITY. Landlord, its employees and agents shall not be liable for and Tenant will indemnify and save them harmless from, all fines, suits, claims, demands, losses and actions (including attorney's fees) for any injury to person or damage to, or loss of property on or about the premises, caused by the negligence or misconduct or breach of this lease by Tenant, its employees, subtenants, invitees, or by any other person entering the premises. Landlord shall not be liable for any loss or damages to any person or property occasioned by theft, fire, act of God, public emergency, injunction, riot, strike, war, insurrection, court order, requisitions of other governmental body or authority, by other Tenants of the building, their invitees, or by any other matter beyond control of Landlord, or from any cause whatever except Landlord's negligence. Tenant hereby acknowledges that Landlord has made no written or oral representations or warranties, either express or implied, as to any security measures or safeguards on or about the premises.

14. INSURANCE. Tenant shall keep in effect for the term of this lease a policy of liability insurance covering Tenant and Landlord against any liability arising out of any injury on or about the premises. The limit of said policy shall be $_____/$_____ for personal injury and $_____ for property damage. Landlord shall be a loss payee on said policy.

15. FIRE OR CASUALTY. In the event of a fire or other casualty to the premises: a) If the premises are not rendered untenantable in whole or in part, Landlord shall promptly, after receipt of

insurance proceeds, repair the premises and the rent shall not abate; b) If the premises are rendered partially untenantable, Landlord shall promptly, after receipt of insurance proceeds, repair the premises, and the rent shall abate as to the untenantable part of the premises; c) If the premises are rendered totally untenantable, Landlord shall promptly, after receipt of insurance proceeds, rebuild the premises and the rent shall abate. If such occurs during the last two years of lease, Landlord may cancel this lease. The rent abatement shall not apply if Tenant has business interruption insurance. In the event that a mortgage holder requires that the insurance proceeds be used to retire the debt, then Landlord may cancel this lease.

16. ACCESS. Landlord reserves the right to enter the premises, upon giving reasonable notice, for the purpose of inspection, repair or showing to prospective tenants or purchasers.

17. LOCKS. If Tenant adds or changes locks on the premises, Landlord shall be given copies of the keys. Landlord shall at all times have keys for access to the premises.

18. PARKING AREAS. Tenant shall have the nonexclusive use of all parking areas about the premises. Parking areas are intended primarily for use by customers and Tenants shall not permit its employees to use such areas for the parking or storage of any automobiles, trucks or other vehicles except as may be approved and designated in writing by Landlord. The use of such parking areas shall at all times be subject to such reasonable rules and regulations as Landlord shall promulgate.

19. SIGNS & ADVERTISING. Tenant shall have the right to install and maintain at his own expense, a storefront sign subject to the written approval of the Landlord as to dimensions, location and design, which approval shall not be unreasonably withheld. Tenant agrees not to use any advertising media in the premises or common areas that shall be deemed objectionable to the Landlord or other Tenants such as loudspeakers, radio broadcasts or recorded music which can be heard outside the leased premises. Tenant shall not install any exterior awnings, banners or lighting without the written consent of the Landlord. Tenant shall not use the name of the premises except as the address, or use any picture or likeness of the premises without the written consent of the Landlord.

20. FIXTURES. Any fixtures installed in the premises shall become the property of the Landlord and such fixtures may not be removed without the specific written consent of Landlord.

21. ABANDONMENT. In the event Tenant abandons the property prior to the expiration of the lease, Landlord may relet the premises and hold Tenant liable for any costs, lost rent or damage to the premises. Landlord may dispose of any personal property abandoned by Tenant.

22. DEFAULT/REMEDIES. In the event the Tenant fails to pay the rent, violates any of the terms of this lease, abandons the premises, transfers any interest in the premises by operation of law, in bankruptcy or by assignment to creditors, then Tenant shall be in default under this lease. Upon such default, Landlord may terminate this lease and retake possession for his own account, or may terminate this lease and retake possession for the account of the Tenant, holding the Tenant liable for any lost rent, or may let the unit sit vacant and declare the entire remaining balance of the rent immediately due and payable.

23. SURRENDER OF PREMISES. At the expiration of the term of this lease, Tenant shall immediately surrender possession of the premises in as good condition as at the start of this lease. The Tenant shall turn over to Landlord all keys to the premises, including keys made by Tenant or Tenant's agents.

24. SUBORDINATION. Tenant's interest in the premises shall be subordinate to any encumbrances now on or hereafter placed on the premises, to any advances made under such

encumbrances, and to any extensions or renewals thereof. Tenant agrees to sign any documents indicating such subordination which may be required by lenders.

25. MECHANICS' LIENS. Tenant shall have no power or authority to create any lien or permit any lien to attach to the present estate, reversion or other estate of Landlord in the premises herein demised or on the building or other improvements thereon, and all material, men, contractors, artisans, mechanics and laborers and other persons contracting with Tenant with respect to the demised premises or any part thereof, are hereby charged with Notice that they must look to Tenant to secure payment of any bill for work done or material furnished or for any other purpose during the term of this lease. If any such lien attaches, or claim of lien is made, against the demised premises or the building of which said premises are a part, or on the land on which the building is erected and shall not be released by payment, bond or otherwise within thirty (30) days after notice thereof, the Landlord shall have the option of payment or discharging the same and Tenant agrees to reimburse Landlord promptly upon demand.

26. EMINENT DOMAIN. In the event any part of the premises is taken by eminent domain the Landlord shall be entitled to all damages awarded for diminution of the fee and leasehold. In the event that only part of the premises is taken and the remainder is still tenantable, the rent shall be prorated and the Tenant only liable for the portion of the premises still usable.

27. ENTIRE AGREEMENT. This lease constitutes the entire agreement between the parties and may not be modified except in writing signed by both parties.

28. WAIVER. One or more waivers of any covenant or condition by the Landlord shall not be construed as a waiver of a further breach of the same covenant or condition.

29. ATTORNEY'S FEES. In the event of any legal proceedings regarding this agreement, including appellate proceedings, the prevailing party shall be entitled to a reasonable attorney's fee. "Legal proceedings" shall include any legal services used prior to commencement of litigation.

30. JURY WAIVER. Both Landlord and Tenant hereby waive trial by jury in any action arising out of this agreement.

31. SEVERABILITY. If any provision of this lease should be or become invalid, such invalidity shall not in any way affect any of the other provisions of this lease which shall continue to remain in full force and effect.

32. RELATIONSHIP OF PARTIES. Nothing contained herein shall be deemed or construed by the parties hereto, nor by any third party, as creating the relationship of principal and agent or of partnership or of joint venture between the parties hereto, it being understood and agreed that neither the method of computation of rent nor any other provision contained herein, nor any acts of the parties herein, shall be deemed to create any relationship between the parties hereto other than the relationship of Landlord and Tenant.

33. NOTICES. Any notice given by the parties to this lease shall be served by certified mail at the following addresses or at such other addresses as provided in writing.
Landlord: _____
Tenant: _____

34. RECORDING. This lease shall not be recorded in any public records.

35. MISCELLANEOUS PROVISIONS. _____

_____.

WITNESS the hands and seals of the parties hereto this _____ day of _____, _____.

Witnesses: Landlord:

_____   _____

_____   _____

                                                                Tenant:

_____   _____

_____   _____

GUARANTEE. In consideration of the acceptance by Landlord of the above lease the undersigned jointly and severally guarantee full payment and performance of all obligations of Tenant under the lease.

                                        _____
                                        Guarantor

                                        _____
                                        Guarantor

This page is intentionally left blank.

COMMERCIAL LEASE—SHORT FORM

LANDLORD: _____   TENANT: _____

_____   _____

IN CONSIDERATION of the mutual covenants and conditions herein contained, Landlord leases to Tenant and Tenant leases from Landlord the property described under the following terms and conditions:

1. PREMISES. The premises consist of a _____ of approximately _____ square feet located at _____ together with the common use with other Tenants of all parking, roads and walkways and other public areas.

2. TERM. The term of this lease shall be for a period of _____ months commencing at 12:01 a.m. on _____, _____, and ending at midnight on _____, _____.

3. RENT. The base rent for the term of this lease shall be $_____ per month, together with any sales or use tax due for the rental of the premises.

4. PAYMENT. Payments must be received by Landlord on or before the due date at the following address: _____ or such place as designated by Landlord in writing. Tenant understands that this may require early mailing. In the event a check bounces, Landlord may require cash or certified funds.

5. SECURITY. Tenant shall pay to Landlord the sum of $_____ as last month's rent under this lease, plus $_____ as security deposit.

6. UTILITIES. The Tenant shall be responsible for all charges for electricity, gas, water, sewer, or other utilities supplied to the premises. Any such charges not billed directly to Tenant shall be reimbursed to Landlord each month upon presentation of a statement.

7. MAINTENANCE & REPAIR. The Landlord shall keep the foundation, outer walls and roof of the premises and the common areas in good repair, except that Landlord shall not be liable for any repairs occasioned by the acts of Tenant, its agents or employees. Tenant shall be responsible for maintenance and repair to the inside of the premises including heating and cooling systems, electrical, plumbing, machinery, hardware, doors, windows, screens, and painting. All such repairs shall be made with materials and workmanship equivalent to the original. Tenant shall be responsible for extermination service to the premises.

8. ALTERATIONS & IMPROVEMENTS. Tenant shall make no alterations or improvements to the premises (including paint) without the written consent of the Landlord and any such alterations or improvements shall become the property of the Landlord unless otherwise agreed to in writing.

9. ASSIGNMENT & SUBLETTING. The Tenant shall not assign this Lease, or in any manner transfer any interest in the premises or sublet the premises or any part thereof, without the written consent of the Landlord.

10. USE. The premises shall be used only as _____ and shall not be used for any illegal purpose or in violation of any zoning laws or property restrictions.

11. ENVIRONMENTAL LAWS. Tenant shall strictly comply with any and all local, state and federal environmental laws and regulations. In the event Tenant violates any such laws the

Landlord may terminate this lease. Tenant shall remain liable for the cleanup of any such violation and for any other costs, fines or penalties based upon such violation.

12. PARKING AREAS. Tenant shall have the nonexclusive use of parking space for _____ cars. The use of such parking areas shall at all times be subject to such reasonable rules and regulations as Landlord shall promulgate.

13. LIABILITY. Tenant agrees to hold Landlord harmless from any and all claims for injuries or damages occurring on the premises, and to be solely responsible for insuring Tenant's own possessions on the premises.

14. INSURANCE. Tenant shall keep in effect for the term of this lease a policy of liability insurance covering Tenant and Landlord against any liability arising out of any injury on or about the premises. The limit of said policy shall be $_____/$_____ for personal injury and $_____ for property damage. Landlord shall be a loss payee on said policy.

15. FIRE OR CASUALTY. In the event the premises are partially damaged by fire or other casualty, Landlord shall repair same within ninety (90) days. In the event the premises are destroyed and untenantable the rent shall abate and Landlord may rebuild the premises within ninety (90) days or may cancel this lease.

16. ACCESS. Landlord reserves the right to enter the premises, for the purpose of inspection, repair or showing to prospective tenants or purchasers.

17. LOCKS. If Tenant adds or changes locks on the premises, Landlord shall be given copies of the keys. Landlord shall at all times have keys for access to the premises.

18. EMINENT DOMAIN. In the event any part of the premises is taken by eminent domain the Landlord shall be entitled to all damages awarded for diminution of the fee and leasehold and this lease shall terminate.

19. FIXTURES. Fixtures installed by Tenant on the premises shall remain the property of the Tenant provided the Tenant has not defaulted under this lease and provided that upon any such removal the premises shall be restored to their original condition. Lighting, plumbing, heating, and air-conditioning equipment, whether or not installed by Tenant, shall not be removable but shall become the property of the Landlord.

20. ABANDONMENT. In the event Tenant abandons the property prior to the expiration of the lease, Landlord may relet the premises and hold Tenant liable for any costs, lost rent or damage to the premises. Landlord may dispose of any personal property abandoned by Tenant.

21. DEFAULT/REMEDIES. In the event the Tenant fails to pay the rent, violates any of the terms of this lease, abandons the premises, transfers any interest in the premises by operation of law, in bankruptcy or by assignment to creditors, then Tenant shall be in default under this lease. Upon such default, Landlord may terminate this lease and retake possession for his own account, or may terminate this lease and retake possession for the account of Tenant, holding Tenant liable for any lost rent, or may let the unit sit vacant and declare the entire remaining balance of the rent immediately due and payable.

22. SURRENDER OF PREMISES. At the expiration of the term of this lease, Tenant shall immediately surrender possession of the premises in as good condition as at the start of this lease. The Tenant shall turn over to Landlord all keys to the premises, including keys made by Tenant or Tenant's agents.

23. MECHANICS LIENS. The estate of Landlord shall not be subject to any liens for improvements contracted by Tenant.

24. ATTORNEY'S FEES. In the event Landlord must use the services of an attorney to enforce this agreement, Tenant shall pay Landlord's attorney fees.

25. SUBORDINATION. Tenant's interest in the premises shall be subordinate to any encumbrances now on or hereafter placed on the premises, to any advances made under such encumbrances, and to any extensions or renewals thereof. Tenant agrees to sign any documents indicating such subordination which may be required by lenders.

26. WAIVER. Any failure by Landlord to exercise any rights under this agreement shall not constitute a waiver of Landlord's rights.

27. SEVERABILITY. In the event any section of this agreement shall be held to be invalid, all remaining provisions shall remain in full force and effect.

28. RECORDING. This lease shall not be recorded in any public records.

29. MISCELLANEOUS PROVISIONS. _____
_____
_____.

WITNESS the hands and seals of the parties hereto this _____ day of _____, _____.

Witnesses: Landlord:

_____   _____

_____   _____

                                              Tenant:

_____   _____

_____   _____

GUARANTEE. In consideration of the acceptance by Landlord of the above lease the undersigned jointly and severably guarantee full payment and performance of all obligations of Tenant under the lease.

_____
Guarantor

_____
Guarantor

This page is intentionally left blank.

STORAGE SPACE LEASE

Landlord: _____   Tenant: _____

_____   _____

Description of space leased: _____

IN CONSIDERATION of the mutual covenants and conditions herein contained, Landlord hereby leases to Tenant and Tenant leases from Landlord the above described property under the following terms and conditions:

    1. TERM. This lease shall begin on _____, _____, and end on _____, _____.

    2. RENT. The rent shall be $_____ per month and shall be due on or before the _____ day of each month. In the event the rent is received more than _____ days late, a late fee of $_____ shall be due. In the event a check bounces, a fee of $_____ shall be due.

    3. DEFAULT. In the event Tenant fails to pay the rent due under this agreement, Landlord may deny access until paid in full and whenever the rent is more than 30 days in arrears, Landlord may remove any property in the storage space and relet it to a new Tenant.

    4. LIEN. Landlord shall have a lien on any property placed in the storage space and shall have the right to sell the property at public or private sale or as provided by law.

    5. USE. Tenant shall not keep in the storage space any explosive, inflammable, hazardous, or illegal substances or any animals or pets. Tenant shall not assign or sublet the storage space. Tenant shall abide by the rules and regulations of Landlord which are attached hereto. Landlord shall have the right to enter the storage space for inspection or repairs. Tenant shall make no alterations to the storage space without the written consent of Landlord.

    6. LIABILITY. This agreement is made on the express condition that, while Landlord shall exercise reasonable care in the operation of the premises, Landlord shall not be liable for any loss or damage to Tenant.

    7. CASUALTY. In the event the premises are damaged by fire or other casualty, and are rendered untenantable, either party may cancel this agreement.

    8. SECURITY DEPOSIT. Tenant shall deposit with Landlord the sum of $_____ to be returned upon the termination of this agreement provided Tenant is not in default hereof.

    9. TERMINATION. This agreement shall terminate as provided in paragraph 1. above unless renewed or extended in writing by both parties hereto.

    IN WITNESS WHEREOF, the parties have executed this lease the _____ day of _____, _____.

LANDLORD: TENANT:

_____   _____

This page is intentionally left blank.

STORAGE SPACE RENTAL AGREEMENT

Landlord: _____   Tenant: _____

_____   _____

Description of space leased: _____

IN CONSIDERATION of the mutual covenants and agreements herein contained, Landlord hereby leases to Tenant and Tenant hereby leases from Landlord the above described property under the following terms and conditions:

1. TERM. This lease shall commence on _____, _____, and continue until terminated as provided herein.

2. RENT. The rent shall be $_____ per month and shall be due on or before the _____ day of each month. In the event the rent is received more than _____ days late, a late fee of $_____ shall be due. In the event a check bounces, a fee of $_____ shall be due.

3. DEFAULT. In the event Tenant fails to pay the rent due under this agreement, Landlord may deny access until paid in full and whenever the rent is more than 30 days in arrears, Landlord may remove any property in the storage space and relet it to a new Tenant.

4. LIEN. Landlord shall have a lien on any property placed in the storage space and shall have the right to sell the property at public or private sale or as provided by law.

5. USE. Tenant shall not keep in the storage space any explosive, inflammable, hazardous, or illegal substances or any animals or pets. Tenant shall not assign or sublet the storage space. Tenant shall abide by the rules and regulations of Landlord, which are attached hereto. Landlord shall have the right to enter the storage space for inspection or repairs. Tenant shall make no alterations to the storage space without the written consent of Landlord.

6. LIABILITY. This agreement is made on the express condition that, while Landlord shall exercise reasonable care in the operation of the premises, Landlord shall not be liable for any loss or damage to Tenant.

7. CASUALTY. In the event the premises are damaged by fire or other casualty, and are rendered untenantable, either party may cancel this Agreement.

8. SECURITY DEPOSIT. Tenant shall deposit with Landlord the sum of $_____ to be returned upon the termination of this Agreement provided Tenant is not in default hereof.

9. TERMINATION. This agreement may be terminated by either party upon the giving of written notice at least 30 days prior to the end of any rental month.

IN WITNESS WHEREOF, the parties have executed this lease the _____ day of _____, _____.

LANDLORD: TENANT:

_____   _____

This page is intentionally left blank.

SCHEDULE A
Inventory of Furnishings

APPLIANCES
____ Blender
____ Broiler
____ Can Opener
____ Clock Radio
____ Clocks
____ Clothes Dryer
____ Elec. Fry Pan
____ Floor Polisher
____ Garbage Disposal
____ Hair Dryer
____ Ice Crusher
____ Steam Iron
____ Ironing Board
____ Knife Sharpener
____ Mixer
____ Phonograph Equip.
____ Radios
____ Refrigerator
____ Rotisserie
____ Stove
____ Television
____ Toaster
____ Vacuum Cleaner
____ Waffle Iron
____ Washing Machine

CHINA & GLASSWARE
____ Bowls, Mixing
____ Bowls, Serving
____ Bowls, Soup
____ Coffeepots
____ Creamers
____ Cups
____ Dinner Plates
____ Egg Cups
____ Fruit Bowls
____ Glass Cooking Ware
____ Glasses
____ Platters
____ Pie Plates
____ Salad Plates
____ Salt/Pepper Shakers
____ Sauce Dishes
____ Saucers
____ Serving Dishes
____ Sugar Bowls
____ Teapots
____ Water Pitcher

FURNITURE & FURNISHINGS
____ Ashtrays

____ Beds, Single
____ Bed, Double
____ Carpets
____ Chairs, Armchair
____ Chairs, Dining
____ Chairs, Kitchen
____ Chest of Drawers
____ Consoles
____ Curtains, Bedroom
____ Curtains, Bathroom
____ Curtains, Kitchen
____ Desk
____ Drapes, Dining Rm.
____ Drapes, Living Rm.
____ Dressers
____ Lamps
____ Mattresses
____ Mirror, Walls
____ Pictures/Paintings
____ Shades/Blinds
____ Sofas
____ Tables, Coffee
____ Tables, Console
____ Tables, Dining
____ Tables, End
____ Tables, Kitchen
____ Tables, Misc.
____ Towel Racks
____ Vases
____ Waste Basket

KITCHEN UTENSILS
____ Baking Pans
____ Breadboards
____ Brooms
____ Buckets
____ Cake Pans
____ Canisters
____ Can Openers
____ Coffeepots
____ Colanders
____ Cooking Forks
____ Dish Drainer & Mat
____ Dish Pans
____ Double Boilers
____ Dust Pans
____ Egg Beaters
____ Flour Sieves
____ Frying Pans
____ Graters
____ Knives, Butcher

____ Knives, Other
____ Mixing Bowls
____ Mixing Spoons
____ Mops
____ Muffin Pans
____ Pie Plates
____ Potato Mashers
____ Roasters
____ Rolling Pins
____ Sauce Pans
____ Sink Strainer(s)
____ Skillets
____ Soap Dishes
____ Tea Kettles
____ Trays

LINENS
____ Bath Mats
____ Bath Rugs
____ Bedspreads
____ Blankets, Double
____ Blankets, Single
____ Blankets, Electric
____ Mattress, Covers
____ Napkins
____ Pillow Slips
____ Sheets, Singles
____ Sheets, Double
____ Shower Curtains
____ Tablecloths
____ Towels, Bath
____ Towels, Hand
____ Washcloths

SILVERWARE
____ Butter Knives
____ Forks
____ Knives
____ Salad Forks
____ Soup Spoons
____ Sugar Spoons
____ Tablespoons
____ Teaspoons

MISCELLANEOUS
____ Electric Bulbs
____ (state wattage)
____ Keys (describe)
____ Curtain Rods

List other items on reverse. All items in good condition unless noted otherwise.

This page is intentionally left blank.

AMENDMENT TO LEASE/RENTAL AGREEMENT

The undersigned parties to that certain agreement dated _____, _____ on the premises known as _____, hereby agree to amend said agreement as follows:

WITNESS the hands and seals of the parties hereto this ____ day of _____, _____.

Landlord: Tenant:

_____   _____

_____   _____

This page is intentionally left blank.

ASSIGNMENT OF LEASE

This Lease Assignment is entered into by and amon _____ (the "Assignor"),
_____ (the "Assignee"), and _____
(the "Landlord"). For valuable consideration, it is agreed by the parties as follows:

      1. The Landlord and the Assignor have entered into a lease agreement (the "Lease") dated
_____, concerning the premises described as:

      2. The Assignor hereby assigns and transfers to the Assignee all of Assignor's rights and delegates all of
Assignor's duties under the Lease effective _____ (the "Effective Date").

      3. The Assignee hereby accepts such assignment of rights and delegation of duties and agrees to pay all rents
promptly when due and perform all of Assignor's obligations under the Lease accruing on and after the Effective Date.
The Assignee further agrees to indemnify and hold the Assignor harmless from any breach of Assignee's duties
hereunder.

      4.   ❏   The Assignor agrees to transfer possession of the leased premises to the Assignee on the
                  Date. All rents and obligations of the Assignor under the Lease accruing before the Effective Date
                  shall have been paid or discharged.

          ❏   The Landlord hereby assents to the assignment of the Lease hereunder and as of the Effective
                  Date hereby releases and discharges the Assignor from all duties and obligations under the Lease
                  accruing after the Effective Date.

          ❏   The Landlord hereby assents to this lease assignment provided that the Landlord's assent shall not
                  discharge the Assignor of any obligations under the Lease in the event of breach by the Assignee.
                  The Landlord will give notice to the Assignor of any breach by the Assignee. If the Assignor pays
                  all accrued rents and cures any other default of the Assignee, the Assignor may enforce the terms
                  of the Lease and this Assignment against the Assignee, in the name of the Landlord, if necessary.

      5. There shall be no further assignment of the Lease without the written consent of the Landlord.

      6. This agreement shall be binding upon and inure to the benefit of the parties, their successors, assigns and
personal representatives.

      This assignment was executed under seal on _____.

Assignor: Assignee:

_____   _____

_____   _____

Landlord:

_____

_____

This page is intentionally left blank.

Disclosure of Information on Lead-Based Paint and/or Lead-Based Paint Hazards

Lead Warning Statement

Housing built before 1978 may contain lead-based paint. Lead from paint, paint chips, and dust can pose health hazards if not managed properly. Lead exposure is especially harmful to young children and pregnant women. Before renting pre-1978 housing, lessors must disclose the presence of known lead-based paint and/or lead-based paint hazards in the dwelling. Lessees must also receive a federally approved pamphlet on lead poisoning prevention.

Lessor's Disclosure

(a) Presence of lead-based paint and/or lead-based paint hazards (check (i) or (ii) below):

(i) _____ Known lead-based paint and/or lead-based paint hazards are present in the housing (explain).

_____

_____

(ii) _____ Lessor has no knowledge of lead-based paint and/or lead-based paint hazards in the housing.

(b) Records and reports available to the lessor (check (i) or (ii) below):

(i) _____ Lessor has provided the lessee with all available records and reports pertaining to lead-based paint and/or lead-based paint hazards in the housing (list documents below).

_____

_____

(ii) _____ Lessor has no reports or records pertaining to lead-based paint and/or lead-based paint hazards in the housing.

Lessee's Acknowledgment (initial)

(c) _____ Lessee has received copies of all information listed above.

(d) _____ Lessee has received the pamphlet *Protect Your Family from Lead in Your Home.*

Agent's Acknowledgment (initial)

(e) _____ Agent has informed the lessor of the lessor's obligations under 42 U.S.C. 4852(d) and is aware of his/her responsibility to ensure compliance.

Certification of Accuracy

The following parties have reviewed the information above and certify, to the best of their knowledge, that the information they have provided is true and accurate.

_____   _____   _____   _____
Lessor   Date   Lessor   Date

_____   _____   _____   _____
Lessee   Date   Lessee   Date

_____   _____   _____   _____
Agent   Date   Agent   Date

ÍNDICE

D

EL Autor

Mark Warda recibió su Bachiller en Artes con honores en Ciencias Políticas de la Universidad de Illinois en Chicago y Doctorado en Leyes de la Universidad de Illinois en Urbana-Champaign. Él también estudió leyes en la Universidad de Oxford y estudió alemán en Cologne y español en Barcelona.

Mark comenzó su primer negocio a los tres años de edad cuando, luego de aprender que se necesita dinero para comprar cosas, comenzó a vender sus dibujos a sus parientes de visita. Mientras ejercía la abogacía, notó que sus clientes tenían problemas que no hubiesen tenido si conocieran algo acerca de la ley antes de ir a verlo. Así que comenzó Sphinx Publishing para publicar libros de leyes de ayuda propia. Su primer libro fue *Landlords' Rights and Duties in Florida* (Derechos y Deberes de los Dueños de Propiedades en Florida) y su primera impresión se agotó en ventas rápidamente. A través de los próximos años, escribió varios libros más y eventualmente dejó de ejercer leyes para publicar libros a tiempo completo. Luego de encontrar a abogados en otros estados interesados en simplificar la ley, él comenzó a publicar versiones de sus libros existentes adaptados para esos estados.

Para el 1996, halló que estaba pasando la mayoría de su tiempo supervisando el lado de publicación del negocio, así que vendió la compañía a Sourcebooks para darse más tiempo para escribir libros.

En 1998 él comenzó Land Trust Service Corporation (la Corporación de Servicio para Fideicomisos Territoriales) para proveerles servicio a los lectores de su libro *Land Trusts in Florida* (Fideicomisos Territoriales en Florida) que buscaban servicios de fideicomiso confiables y económicos. Hoy día, Mark continúa actualizando su colección de más de setenta y cinco libros y manejando Land Trust Service Corporation en Lake Wales, Florida junto a su esposa Alexandra y su nuevo hijo Mark David.